通识简说·国学系列

回到远古
和神仙们聊天

简说神话传说

顾问／温儒敏　主编／郑以然

王云超／著

SPM 南方出版传媒

全国优秀出版社　全国百佳图书出版单位　广东教育出版社

·广州·

图书在版编目（CIP）数据

回到远古和神仙们聊天：简说神话传说／王云超著；郑以然主编. —广州：广东教育出版社，2018.6（2020.11重印）

（通识简说. 国学系列）

ISBN 978-7-5548-1702-5

Ⅰ. ①回… Ⅱ. ①王…②郑… Ⅲ. ①神话—中国—青少年读物 Ⅳ. ①B932.2-49

中国版本图书馆CIP数据核字（2017）第080124号

策　　划：温沁园
责任编辑：王　亮　唐俊杰
责任技编：涂晓东
版式设计：陈宇丹
封面设计：陈宇丹　邓君豪
插　　图：刘　欣　焦　洁

回到远古和神仙们聊天　简说神话传说

HUIDAO YUANGU HE SHENXIANMEN LIAOTIAN

JIANSHUO SHENHUA CHUANSHUO

广东教育出版社出版发行

（广州市环市东路472号12-15楼）

邮政编码：510075

网址：http://www.gjs.cn

北京一鑫印务有限责任公司印刷

（北京市顺义区北务镇政府西200米）

890毫米×1240毫米　32开本　8.375印张　16 7500字

2018年6月第1版　2020年11月第3次印刷

ISBN 978-7-5548-1702-5

定价：38.00元

质量监督电话：020-87613102　邮箱：gjs-quality@nfcb.com.cn

购书咨询电话：020-87615809

总 序

　　互联网的出现，尤其是智能手机的使用，让现代人获取知识的方式有了翻天覆地的改变。在我当学生的时候，是真的每天在"读"书，通过大量的阅读，获取第一手的资料，不断思考探究，构建自己的知识体系。而今天呢？一个孩子获取知识，首先想到的是动动手指，问问网络。

　　学习的方式便捷了，确有好处，但削弱了探寻、发现和积累的过程，学得快，忘得也快。有研究表明，过于依赖互联网会造成人的思维碎片化，大脑结构也会发生微妙的变化，表现为注意力不集中、记忆力减退等。看来我们除了通过网络来学习知识，还得适当阅读纸质书，用最传统的、最"笨"的方法来学习。这也是我一直主张多读书，特别是纸质书的缘故。我们读书必然伴随思考，进而获取知识，这个过程就是在"养性和练脑"，这种经过耕耘收获成果的享受，不是立竿见影的网上获取所能取代的。另外，我也主张别那么功利地读书，而是要读一些自己真正喜欢的书，也就是闲书、杂书，让我们的视野开阔，思维活跃。读书多了，脑子活了，眼界开了，更有助于考试取得好成绩。

有的小读者可能会说，我喜欢读书，但是学校作业很多啊，爸爸妈妈还给我报了很多课外班，我没有那么多时间读"闲书"呀！这个时候，找个"向导"，帮你对阅读书目做一些精选就非常必要了。比如你喜欢天文学，又不知道如何入门，应当先找些什么书来看？又比如你头脑中产生了一个问题——为什么唐代的诗人比别的朝代要多很多呢？这时候你需要先了解唐诗的概况，才能进一步探究下去。在日常的生活和学习过程中，诸如此类的小课题很多，如果有一种书，简单一点、好懂一点，能作为我们在知识海洋里遨游的向导，那就太好了。广东教育出版社出版的"通识简说"，就是一位好"向导"。

　　这套"通识简说"，特点就是简明扼要、生动有趣，一本薄薄的书就能打开一个学科殿堂的大门。这是一套介绍"通识"的书，也是可以顺藤摸瓜、引发不同领域探究兴趣的书。这套丛书覆盖文学、历史、社会和自然科学的方方面面，第一期先出十种，分为国学和科学两个系列。《回到远古和神仙们聊天——简说神话传说》《古人的作文有多精彩——简说古文名篇》《简说动物学——动物明星的生存奥秘》《简说天文学——"外星人"为何保持沉默？》……看到这些书名你就想读了吧？选择其中一本书，说不定就能引起你对这门学科的兴趣，起码也会帮你多接触某一领域的知识，很值得尝试哟。每本书有十多万字，读得快的话，几天就能读完，读起来一点都不累。图书配的漫画插图风趣幽默，又贴合主题，也很有味道。

希望"通识简说"接下来能再出10本、20本、50本，让更多的孩子都来读这套简明、新颖又有趣的书。

（作者系北京大学中文系教授，统编语文教材总主编）

　　假如给大家一个机会，使得我们可以穿越到很久很久以前的远古时代，那么，大家会看到什么有趣的画面？又会听到什么有意思的故事呢？

　　虽然现在的科学技术还不能帮助我们实现真正的穿越，但是，那些从古代流传到现代的神话传说，却能够让我们穿越时空，去发现许许多多有趣的故事。

　　这些浪漫的神话传说，经历数千年的传承，现在能被我们看到，是因为它们被保存在书籍中了。

　　许多神话散见于经、史、子、集各类书中。在西汉刘安和他的门客共同编写的《淮南子》中，就搜罗了中国四个重要的神话：女娲补天、共工触山、后羿（yì）射日、嫦娥奔月。

　　《山海经》是我国古代保存神话资料最为丰富的书籍。在《山海经》里面，我们可以看到奇特的名川大山、丰富的历史传说、神奇的动物植物，内容涉及矿物、医药等方面。

　　我们的祖先——原始社会的先民们，并没有掌握现代化的科学技术。

　　原始先民过着茹毛饮血的生活。茹毛饮血，指的是原始先民不会用火，连毛带血地生吃打来的猎物。原始社会中的女性负责采摘野果，男性则负责狩猎。

就像我们每天要去学校一样，原始先民每天都要跑去采摘和狩猎，每天都要和大自然打交道，不管是在烈日炎炎的酷暑，还是寒风瑟瑟的严冬。

就像我们第一次见到风雨雷电时的惊讶反应一样，原始先民看见黄色的闪电在半空中好像蛇一般蜿蜒，突然凌空响了两声炸雷，电闪雷鸣中，大树被劈开，森林中燃起大火，他们会吓得四散奔逃。

在原始先民看见壮丽的太阳从东方冉冉升起、照亮整个世界时，在原始先民看到弯弯的月牙悬挂在幽深的天空、吐出明澈的光亮时，先民们会惊奇地睁大眼睛，仰望天际壮观瑰丽的景象。

在原始先民遭遇突如其来的大地震、瞬间天崩地裂的时候，在原始先民的住所被无情的洪水冲击、昔日平地变成汪洋一片的时候，先民们会惊恐地四散奔逃，相顾失色。

原始先民们绞尽脑汁地思考：这是什么？为什么它是这个样子的？什么力量在操纵着它？它是不是有生命的？它能带来什么变化？我应该如何面对它？限于当时的条件，原始先民百思不得其解。我们遇到不懂的事情会怎么办呢？可能是去问爸爸妈妈，去上网查阅资料，甚至跑去问科学家。可惜，由于条件所限，这些方法都不适用于原始先民。

原始先民只能用自己的经验来解释这一切，他们虔诚地认定，这些自然现象，是神秘而可畏的。在先民们的心中，风、雷、闪电都是有生命的东西。这种和人不同的，却具有生命的东西，原始先民将它们叫作神。

小到蚂蚱，大到天地，原始先民们都是抱着万分崇敬的心态来崇拜。他们尊敬这些神，羡慕这些神的力量。因此，在他们的脑中，就出现了很多想象的故事，就有了神话。

在阅读这些神话故事的时候，我们也超越了时空的阻隔，和原始先民们进行对话。

根据袁行霈先生主编的《中国文学史》（第一卷）的说法，中国古代神话可以分为以下几种类型：

1. 创世神话

原始先民不明白，宇宙的起源是什么样子的？在天地分开之前，宇宙是什么样子的呢？这些关于宇宙起源的神话就是创世神话。

南海之帝为倏（shū），北海之帝为忽，中央之帝为浑（hún）沌，倏与忽时相与遇于浑沌之地，浑沌待之甚善。倏与忽谋报浑沌之德，曰："人皆有七窍，以视听食息，此独无有，尝试凿之。"日凿一窍，七日而浑沌死。

——《庄子·应帝王》

上面的材料是说，南海的天帝名叫倏，北海的天帝名叫忽，中央的天帝叫浑沌。倏与忽常常去浑沌那里玩耍，浑沌待他们很好。倏和忽在一起商量怎样报答浑沌的恩德，说："人人都有眼、耳、口、鼻共七个窍孔用来看、听、吃和呼吸，唯独浑沌没有，我们为他凿开七个孔，让他也能像人类一样。"于是，他们每天凿出一个孔窍，凿了七天浑沌也就死去了。倏与忽是好心办坏事，想报恩却反而伤害了浑沌。浑沌虽然死去了，但是继浑沌之后的宇宙却诞生了。

盘古开天的创世神话描绘出一幅壮丽的开天辟地的景象：

天地浑沌如鸡子，盘古生其中。万八千岁，天地开辟，阳清为天，阴浊为地。盘古在其中，一日九变。神于天，圣于地。天日高一丈，地日厚一丈，盘古日长一丈，如此万八千岁。天数极高，地数极深，盘古极长，后乃有皇。

——《艺文类聚》卷一引徐整《三五历纪》

原始先民说，当天和地还没有分开的时候，宇宙是什么样子呢？

看！宇宙的景象就像是一个大鸡蛋里面的混（hùn）沌的

一团，什么都模模糊糊的，看不清楚，盘古就在这个大鸡蛋中孕育出来了。原始先民把世界想象成一枚大鸡蛋，设想宇宙也像小鸡一样是破壳而出的。

首生盘古，垂死化身：气成风云，声为雷霆，左眼为日，右眼为月，四肢五体为四极五岳，血液为江河，筋脉为地理，肌肤为田土，发髭为星辰，皮毛为草木，齿骨为金石，精髓为珠玉，汗流为雨泽。

——《绎史》卷一引《五运历年纪》

盘古快要死去的时候，身体发生了神奇的变化，他口中呼出的气变成了看不见的风和白色的云，声音变成了伴随暴雨响起的令人心惊胆战的雷霆巨响，眼睛变成了太阳和月亮，分别掌管白天和黑夜，四肢和躯干变成了大地四极和名山，血液变成了江河，筋脉变成了道路，肌肉变成了田土，头发和髭须变成了天上的星星，他的皮肤和汗毛变成了花草树木，牙齿、骨头变成了发亮的金属、坚硬的石块，骨髓变成了美丽的珍珠和纯净的玉石，他身上出的汗水，纷纷变成了雨露甘霖。

盘古用自己的身体制造了一个美丽的新世界。

这样看来，我们熟悉的这个世界，经过了神话的想象，是不是很有些崇高的色彩呢？

2. 始祖神话

在原始先民们给宇宙的起源做出了一个解释后，他们意犹未尽，又将目光聚集在人类自身的起源上。

我们是从哪里来的？谁创造了我们呢？我们是怎样诞生的？为什么有的人是男性，有的人是女性？为什么人和人有很大的不同？

说到人类起源，就不得不说到女娲。女娲，是一个神通广大的神女，她做了两件大事，第一件事是创造人类，第二件事是补天。

> 俗说天地开辟，未有人民，女娲抟（tuán）黄土作人，剧务，力不暇供，乃引绳于絚（gèng）泥中，举以为人。故富贵者，黄土人也；贫贱凡庸者，絚人也。
>
> ——《太平御览》卷七十八引《风俗通》

当天地分开后，世界有高山大川，有日月星辰，有风霜雨雪，有鸟兽虫鱼。可是，女娲感觉世界太寂寞了，她很希望能有朋友陪着自己，让生活更有生气才好，所以女娲用泥土造了人类。富贵的人，是女娲用手捏出来的；而地位比较低下的人，是女娲用藤甩出来的。

3. 洪水神话

洪水是原始先民们的噩梦，关于洪水的神话中，最著名的莫过于鲧（gǔn）和大禹治水的故事了。

洪水滔天。鲧窃帝之息壤以堙洪水，不待帝命。帝令祝融杀鲧于羽郊。鲧复（腹）生禹，帝乃命禹卒布土以定九州。

——《山海经·海内经》

这个故事讲的是人间洪水泛滥，鲧为了堵治洪水，在没有得到天帝同意的情况下，就盗取了天帝的息壤。息壤是神话中一种能够不断自我生长的土壤，是天帝的爱物。鲧的这一举动，引起了天帝的震怒。天帝派祝融在羽山近郊杀了鲧。鲧生有一个儿子叫大禹，天帝命令大禹接替了他父亲的工作，继续治洪水，以安定九州。在远古时代，原始先民深受洪水之害。那么，洪水来临之际，人间是什么样子的呢？

往古之时，四极废，九州裂，天不兼覆，地不周载，火爁焱（lǎn yàn）而不灭，水浩洋而不息；猛兽食颛（zhuān）民，鸷（zhì）鸟攫（jué）老弱。于是女娲炼五色石以补苍天，断鳌足以立四极，杀黑龙以济冀州，积芦灰以止淫水。

——《淮南子·览冥篇》

半边天空坍塌下来，天上露出些丑陋的大窟窿，地面上也破裂成了纵一道横一道的黑黝黝的深坑。在这种大变动中，山林起了猛烈燃烧的炎炎大火，洪水从地底喷涌出来，波浪滔天，地面被海洋淹没。女娲在大江大河里挑选了许多五色的石子，架起火将它们熔炼成胶糊状的液体，然后拿这些胶糊状的液体来把苍天上一个个丑陋的窟窿填补好。女娲又斩下乌龟的四只脚，用来代替天柱，把天空给撑起来。

4. 战争神话

自从女娲把天补好，人间维持了一段安定和平的日子。然而好景不长，这个祥和的局面又被一场战争打破了。

黄帝是神话中的一个大神，发明了车、陶器、井、鼎、音乐、铜镜、鼓等器物，蚩尤是神话中一个勇猛的巨人族人，在南方居住。

蚩尤作兵伐黄帝，黄帝乃令应龙攻之冀州之野。应龙畜（蓄）水，蚩尤请风伯雨师，纵大风雨。黄帝乃下天女曰魃（bá），雨止，遂杀蚩尤。

——《山海经·大荒北经》

蚩尤起兵攻打黄帝，黄帝于是派应龙在冀州的原野攻打蚩尤。应龙蓄水，蚩尤请来风伯雨师，刮起了大风，下起了大雨。黄帝于是派名叫魃的天女助战，于是风雨就停了，因此，应龙杀了蚩尤。

5. 发明创造神话

在原始先民们的眼中，弓箭的发明也是一件无上荣耀的事件。神话记载，后羿是一个擅长射箭的大英雄，天帝送给后羿一张红色的弓和一口袋华美锋利的白箭。天帝之所以这样做，是因为当时天上同时出现了十个太阳。

同学们，在炎炎夏日，你们会有什么感觉呢？热！对了，有的同学的汗水能把衣服都浸湿了，连树叶子也要被太阳晒蔫了。一个太阳就有如此的威力，更不用说十个太阳一起出现了。

十个太阳给人间带来了严重的旱灾，世界变成了一个大蒸笼，没有树荫，没有影子，地面上的一切都暴露在强光之下。田地里的禾苗枯萎了，甚至连沙石也快要被日光晒化了。

英雄后羿从肩上取下红色的弓，从箭袋里面取出一支白色的箭，搭箭拉弓，对准天上的红色太阳，"嗖"的一声，箭飞速刺向天空。过了一会儿，天上突然落下来一团火球，火球无声爆裂，流火乱飞，人们仰头看天，太阳已经只剩下九个。原来，刚才被射下来的大火球便是太阳。

在黄帝和蚩尤的战争中，还有一项重要的发明——指南车。

> 黄帝与蚩尤战于涿鹿之野，蚩尤作大雾弥三日，军人皆惑，黄帝乃令风后法斗机作指南车，以别四方，遂擒蚩尤。
>
> ——《太平御览》卷十五引《志林》

黄帝和蚩尤的军队在原野上战斗正酣，蚩尤作法，制造了浓密的大雾，大雾把黄帝和黄帝的军队围困在中心，完全分辨不出方向，黄帝的军队陷入困境。一个叫作风后的人想出了一个好办法，那就是制作一辆指南车，无论指南车转向何方，车子前面的小仙人能始终指出指南车出发时设置木人指示的方向。就这样，黄帝和他的军队依靠指南车的辅助，终于冲出大雾的重围。

除去神话，中国还有很多有趣的传说故事。其中，尤以《牛郎织女》《梁山伯与祝英台》《孟姜女哭长城》和《白蛇传》流传最为广泛，影响最为巨大，是我们中华民族文化宝库孕育出来的璀璨明珠。

中国的神话传说不是干巴巴地描绘现实，而是给现实插上一双可爱的灵动的翅膀，这双翅膀，叫作想象。人有了想象，就如徒步行走的人突然跨上了一匹神速的骏马，坐上一朵自由飘逸的云，拥有无比自由的艺术化的精神世界。

目录

第一章

天和地是怎么分开的

——盘古开天

文字好比我们的时空穿梭器，带着我们跨越时空的阻隔，帮我们还原遥远缥缈的历史现场。

现在，让我们穿越长长的时空隧道，来到最早有记录的时间节点吧，这个节点就是盘古开天之时。

盘古开天的故事要先从一张名片开始：

姓名：盘古

父母：未知

籍贯：混沌

身高：与天地齐高

职业：开天辟地

技能：力气大，开天辟地；睡觉，睡了一万八千年

装备：盘古斧

心愿：建立一个美丽的新世界

唐代诗人陈子昂有一首著名的诗，叫作《登幽州台歌》，诗中写道："前不见古人，后不见来者。念天地之悠悠，独怆然而涕下。"这首诗写了无穷无尽的时空中一个孤独的诗人形象。读尽唐诗三百首，此诗卓然秀于众诗之中。

这简短的悲歌，好像是腾空而起的一阵秋风，又好像是一股急流，唯有胸中有丘壑之人，才能作出如此诗句。

用现代的话说，陈子昂曾是一位"复读生"。他两次名落孙山，在众人的不屑和嘲笑中站起来，坚定地走自己的路，苦苦研读群书，终于名满长安。

盘古不是诗人，但是盘古面临的就是"前不见古人，后不见来者"的境地。更可怕的是，那个时候，连天地都没有。

是的，那个时候，当盘古睁开眼睛，看到的是宇宙万物还没有被创造出来、世界开辟之前的一片混沌状态。那是一个什么样的世界呢？

《淮南子·精神训》中说："古未有天地之时，惟像无形。窈窈冥冥，芒芠（wén）漠闵（mǐn）；澒（hòng）濛鸿洞，莫知其门。"远古天地未分之际，到处都是幽暗的、模糊不清的、茫茫渺渺的，混沌之气相连无涯。

有一个寓言讲述了开天辟地的故事。《庄子·应帝王》中记载："南海之帝为倏，北海之帝为忽，中央之帝为浑沌。倏与忽时相与遇于浑沌之地，浑沌待之甚善。倏与忽谋报浑沌之德，曰：'人皆有七窍，以视听食息，此独无有，尝试凿之。'日凿一窍，七日而浑沌死。"倏和忽是好朋友，他们俩常常一起跑到浑沌那里游玩。浑沌是一个很热情大方的天帝，他殷勤周到地招待倏和忽。倏和忽商量如何报答浑沌，他们觉得每个人头上都有七个孔——两只眼睛、两个耳朵、两个鼻孔和一张嘴巴，分别用来看、听、呼吸和吃东西，偏偏浑沌没有。于是两个人试着去给浑沌做开窍的工作，七个孔凿好了，浑沌却一命呜呼了。浑沌虽然死了，继浑沌之后的整个世界却诞生了。

《艺文类聚》卷一记载："天地浑沌如鸡子，盘古生其中。万八千岁，天地开辟，阳清为天，阴浊为地。盘古在其中，一日九变。神于天，圣于地。"

当天和地还没有分开的时候，宇宙就像是一个大鸡蛋里面的混沌的一团，"阳"原义指的是日出，"阴"原义为云遮日。在这里，阴阳指道家所谓的化生万物的两种元气，也就是阴气与阳气。宇宙里天和地混融在一起，什么都是模模糊糊的，什么都是黑咕隆咚的。

我们没见过那样的混沌时刻，但可以想象一个大雾弥漫的夜里，站在路上，不远处的楼房都被雾气笼罩得模模糊糊，什么都是昏暗的，看不清楚哪里是街道，哪里是房屋。盘古小朋友就在这样混沌一片中，睡了一万八千年。他可以算得上是以地为褥、以天为被了，因为那个时候，天和地还没有分开，天和地你中有我，我中有你。

我们的祖先盘古是在这个"大鸡蛋"里逐渐被孕育出来的独生子。"大鸡蛋"好比孕育生命的子宫，盘古就在这个混沌无际的"大鸡蛋"里大睡。岁月悠悠，算来已经有一万八千年了。这一万八千年发生了什么,盘古一点儿也不知道,他睡得很香、很沉,对自己的处境懵懂不知,对所处的世界也茫然无知。不过,这也没什么,因为整个世界只有他一个人,他不需要上学,也不用上班,不用为作业发愁,更不必为生计担忧。昏暗的世界适合沉睡,尤其是只有他一个人存在的世界。

一万八千年后的一天,已经长成巨人的盘古终于睡醒了。原来,盘古睡觉的时候,他的身体也在渐渐长大,越来越硕大的身体在逼仄的"大鸡蛋"里渐渐伸展不开了,不知什么东西在挤着他的身体,盘古只是觉得自己的胸口极其憋闷,异常难受。巨人盘古慢慢地睁开眼睛,四周黑洞洞的,什么也看不见。

黑暗黏稠、无边无际的世界让盘古惊讶极了。咦,这是什么地方啊?怎么我什么都看不见?这里真没有意思!他站起身,伸直胳膊,蹬直双腿,张开嘴巴后使劲儿打了一个大大的哈欠,这个哈欠一打出来,那黏稠的黑暗似乎有了一点儿变化。盘古打完哈欠就站了起来,抡起胳膊狠狠向周围劈去,奇异的一幕发生了,厚重的黑暗被他劈出一道缝隙!他觉得很有成就感。

盘古决定不再继续睡下去。他尝试用手掌去劈开混沌,他不知道自己能不能用自己的身体开辟一个新世界,可他愿意尝试。

他拿起一把大板斧，用力一挥，只听山崩地裂的"哗啦"一声，"大鸡蛋"碎了，混沌一片的东西渐渐分开了：轻而清的"蛋清"缓缓上升，变成了湛蓝透亮的天空；重而浊的"蛋黄"则慢慢下降，凝结成了坚实厚重的土地。盘古脚踩大地，头顶天空，支撑在天地之间。轰鸣声由远而近又渐渐消失，盘古再看，天是明朗的，地是坚实的，眼前的景象让他迷醉。

天地分开以后，盘古担心天和地还会再次合拢在一起，回归混沌状态。盘古想了想，就用头顶着天，用脚使劲蹬住地。

《太平御览》卷二记载："天日高一丈，地日厚一丈，盘古日长一丈，如此万八千岁。天数极高，地数极深，盘古极长，后乃有皇。"天每天升高一丈，地每天增厚一丈，盘古也随着天地的变化每天长高一丈。看到天地分开越来越远，盘古心里也越来越有成就感。日日夜夜，盘古都顶天立地，站在天地之间，用身体挡在天地之间，托起天。他有点儿像"杞人忧天"里的杞人，到底对天不放心，幸好他是巨人，能举手把天撑起来牢牢顶住，不让天塌下来。

一年过去了，两年过去了，三年过去了……很多年过去了，没有人知道究竟过了多少年，盘古站在这块厚实的土地上，他沉稳地站在这里，随着天和地的变化也增长着，没有一刻放松。

就这样，不知过了多少年，天和地才逐渐成形，盘古试着松开手，他高兴地发现：碧蓝的天空和广阔的土地再也不能合拢了。这时候，盘古才松了一口气，他实在太累了。是啊，他坚持了那么长的时间，甚至没有意识到自己已经耗尽了体力，走进了生命的最后一段旅程。

盘古累得要倒下去。他最后一次深情地注视自己创造的世界，周围静极了。他心满意足地望着脚下，脚下的地，无比坚实；他抬头看看天空，头顶上的天空，浩瀚无边。这天地是多么雄伟啊！

盘古呆呆地站在那里，呆呆看了半晌，呆呆地想：真好！太好了！天和地将永远分开了，就是这样了！从出生到死亡，盘古都是孤独的，没有人和他说话、逗他开心；也没有人接过他擎着的天，让他休息一会儿。不过，此刻，他心境澄明，坦然迎接了死亡的来临。盘古在生命的最后一刻，做了生命中的最后一件事情——化身万物，完善这个他为之奋斗的世界。

根据《绎史》和《述异志》的记载，"首生盘古，垂死化身"，盘古快要死去的时候，他的身体发生了神奇的变化："气成风云，声为雷霆，左眼为日，右眼为月，四肢五体为四极五岳，血液为江河，筋脉为地理，肌肤为田土，发髭为星辰，皮毛为草木，齿骨为金石，精髓为珠玉，汗流为雨泽。"他鼻孔呼出的气息化为萧萧的风，而嘴巴里呼出的气体变成了朵朵白云渐渐飘逝；他的声音变成了暴雨之际天空中响起的震耳欲聋的隆隆的雷霆之声；他的眼睛变成了灿烂的太阳和明亮的月亮，在白天和黑夜分别出现在天际；他的四肢和躯干分别变成了大地的东、西、南、北四极和名山；他的血液则变成了奔腾的江河；他的筋脉变成了纵横的道路；他的肌肉变成了肥沃的田土；他的头发和髭须变成了天上的星星；他的皮肤和汗毛变成了漫山遍野的花草树木；他的牙齿、骨头变成了闪闪发光的金属、坚硬无比的石头；他的骨髓变成了玲珑的珍珠和珍贵的玉石；而他身上流出的热乎乎带有咸味的汗水，纷纷变成了雨露甘霖，滋润世间万物……

《述异志》也有类似的记载："昔盘古氏之死也，头为四岳，目为日月，脂膏为江海，毛发为草木。""秦汉间俗说盘古氏头为东岳，腹为中岳，左臂为南岳，右臂为北岳，足为西岳。先儒说盘古氏泣为江河，气为风，声为雷，目瞳为电。古说盘古氏喜为晴，怒为阴。"盘古的身体飞快地变化着，骤然消殒（yǔn）。伟大的盘古用自己的身体制造了一个美丽的新世界。

茫茫天空，有流星自天际璀璨划过，烟花一般一闪即逝；漫漫黄土，有蜿蜒纵横的沟壑起伏，伸向远方。清晨，整个世界由暗转明，太阳东升，把温煦的阳光洒遍大地。群山层峦叠翠，江河星罗棋布，一片片生机勃勃的草地此起彼伏，一丛丛娇艳欲滴的花朵争奇斗艳，一棵棵高大粗壮的树木拔地而起，处处都是欣欣向荣的景色，令人眼花缭乱。

傍晚，整个世界由明变暗，皓月高悬，显示出远古时代旷野的空灵寂静。时而暴雨如注，伴着令人心惊胆战的雷声，可惊可怖；时而晴空万里，碧空如洗，空气中弥漫着花草的清新气息，让人心旷神怡。

盘古开天的故事充满了丰富的想象，它是中国创世神话篇章之首。盘古死去后的化身万物包含了原始先民对自然与人类起源的朴素解释。打开古籍，我们就能凭借文字的力量，打开一扇瑰丽神奇世界的大门，进入恢宏壮丽的的故事，感受开天辟地的宏大气势。当然，这一切，离不开传承这一故事的人们。

三国时代的徐整在《三五历纪》和《五运历年纪》中首次记录了关于盘古开天的故事。可惜的是，原书已经不存在了。幸好清代康熙时期有一本叫作《古今图书集成》的书，这本书是中国历史上完整保存至今的最大类书，里面就收录了这个故事。

主持《古今图书集成》编纂工作的正是清康熙皇帝的三儿子诚亲王胤祉的老师陈梦雷。康熙的四儿子胤禛即位成为雍正皇帝后，因为胤祉和与自己争权的前太子胤礽过于亲密，极为不满，所以迁怒于陈梦雷。雍正皇帝下旨流放了为胤祉主编《古今图书集成》的陈梦雷，而陈梦雷本人也在流放期间客死他乡。

陈梦雷的功绩虽然一度被掩盖，但是不应被遗忘，历史的真相总会被智者发现。人亡书在，我们凭借《古今图书集成》《艺文类聚》和《绎史》等古籍的记载，可以大致勾勒出盘古开天这个故事的轮廓。盘古开天的故事和他顶天立地的精神、开天辟地的勇气一起得以一代一代流传下来。

第二章

天空漏了个大窟窿

——女娲补天

在人生的旅程中，不论是谁，都会遇到烦心事。

元代才女管道升这一天就遇到了一件头疼的事情。管道升人到中年、年老色衰的时候，丈夫赵孟頫（fǔ）突然提出要纳妾。当时男子纳妾乃寻常之事，这件事看起来木已成舟，管道升似乎只能默默接受丈夫做出的决定，然后默默忍受家里可能会出现的鸡犬不宁之事……但凡事都有例外，别忘了，才女有一项特殊的技能——写文章。

因此，管道升就写了这首出名的《我侬词》：

你侬我侬，忒（tuī）煞情多，情多处，热如火。把一块泥，捻（niǎn）一个你，塑一个我。将咱两个，一齐打破，用水调和。再捻一个你，再塑一个我。我泥中有你，你泥中有我。与你生同一个衾（qīn），死同一个椁（guǒ）。

管道升用"我泥中有你，你泥中有我"形容夫妻两人的亲密无间、相互扶持，用"生同一个衾，死同一个椁"形容夫妻二人已经合为一体，生死相依。"衾"是被子的意思，"椁"指古代套在棺材外面的大棺材，这句的意思是说夫妻二人生在一起，死也要在一起，二人世界已经容不下其他任何人。

赵孟頫看了管道升写的这首小词，不禁大笑，不再提纳妾之事。"把一块泥，捻一个你，塑一个我。将咱两个，一齐打破，用水调和。再捻一个你，再塑一个我。我泥中有你，你泥中有我"的比喻，也成了千古名句，歌咏了爱情的忠贞不渝。

到底谁会"把一块泥，捻一个你，塑一个我"呢？那就是古代传说中用泥土造人的女娲。

她是远古时代的一位女神，最为人称颂的功业就是创造人类和炼石补天拯救人类，可以说，女娲是中华民族传说中的人类之母。

故事要从盘古开天辟地之后讲起，盘古化身万物后，时光流转，岁月如梭，沧海桑田，斗转星移，不知过了多久，女娲才从亘古中醒来。

女娲所看到的，是盘古创造的焕然一新的世界：远山微黛，泉水叮咚，草木葱茏，天上的阳光光芒万丈，地上绚丽多彩的花朵在雨水的润泽下开得分外妖娆。大地一派生机勃勃的景色，美不胜收。

女娲就在新世界里徜徉，沐浴着春风雨露，观赏着无限美景。只是美景虽好，却不免有些寂静荒凉。一钩弯月挂上中天，跑了一天的女娲才往回走，偌大的世界，女娲踽（jǔ）踽独行，身影无限落寞。雷雨之夜，山峦回荡着惊怖的雷声，雷声像是滚到群山之中炸开一般，天空像是发了怒，然而这是新世界里难得的声音，平时陪伴女娲的，只有微风吹拂叶子时哗啦啦的声响和自己的呼吸声。

女娲走啊走啊，期待找到一些有意思或者好玩的东西。这一天，女娲走到了一片清澈见底的湖水的旁边，坐在湖边的大青石上，两脚垂在湖中，用手拨弄着湖水，湖面闪耀着金色的阳光，倒映出女娲娇美秀丽的身影。女娲默默坐了许久，又慢慢低下头，只见湖边潮乎乎的泥土散发出一股湿润的、带点儿腥味的气息。女娲无聊地掘了几遍湿乎乎的黄泥，忽然眼里一亮，灵机一动，仔细端详自己在水中的样子，然后按照自己的样子，把黄泥揉成一个泥娃娃。

《太平御览》记载："俗说天地开辟，未有人民，女娲抟黄土作人，剧务，力不暇供，乃引绳于绹泥中，举以为人。故富贵者，黄土人也；贫贱凡庸者，绹人也。"很快，一个活灵活现的泥娃娃被女娲做好了。女娲捧在手心，左看看，右看看，前看看，后看看，泥娃娃憨态可掬，眼睛微闭，惟妙惟肖，模样和自己像极了。女娲越看越喜欢，她把泥娃娃轻轻放在地上。

没想到泥娃娃刚刚落地，就马上睁开眼睛，张开嘴巴呱呱叫着，说一些女娲听不懂的语言，泥娃娃还绕着女娲开心地走来走去，手舞足蹈，欢蹦乱跳，好像在感谢女娲给予自己生命。女娲看着这个变得活生生的泥娃娃，又惊又喜，她赶紧又捏出了很多泥娃娃。这些泥娃娃有的娇柔小巧，有的强壮高大，那些娇柔小巧的变成了女人，那些强壮高大的变成了男人。

人们围着女娲高兴地跳来跳去，发出欢乐的声音，一一表示感谢后才渐渐散开。泥娃娃变成的人类也是不同的，有的性格孤僻，是单独离开的；有的生性活泼，是成群走开的。人们很快分布到了广阔原野中的各个地点。人类的诞生使得沉寂的世界变得热闹喧嚣，女娲又自豪又兴奋，她把人类当成自己的孩子宠爱。她再也不会觉得这个世界孤单寂寞了。

女娲真想创造更多的人来充满世界，她接二连三地捏了不知多少泥娃娃。但是用手捏泥娃娃的速度太慢了，世界又是那么广阔，做好的人很快就消失在茫茫原野之中，身边的欢笑声渐渐消逝，女娲不知道要捏到什么时候，才能让自己的儿女遍布世界。渐渐地，女娲感觉自己手指酸痛，手臂沉重，双脚麻木，身体疲惫，她想放下泥娃娃不做，却怎么也狠不下心，这些娃娃实在太可爱了，女娲真想让他们遍布世界，陪伴自己。

女娲从山崖上拉扯下来一根长长的藤条，她把藤条浸泡在泥潭里，搅浑了黄泥浆，再把沾满泥浆后的藤条向地面上左右挥舞。这么一挥舞，藤条上的黄泥浆纷纷溅落在地上，结果泥点溅落后，也都变成一个个活蹦乱跳的人，人们呱呱叫着，欢喜无比。

根据《太平御览》的说法，女娲用手捏出来的，是富贵的人；而女娲用藤条甩出来的，是贫贱的人。用藤条甩泥造人的办法很有效，很快，世界上有了越来越多的人，空旷寂寞的大地上有了人类活动的痕迹。女娲对自己的劳动成果异常欣慰，给这些生物取名叫作"人"。人类虽然渺小，但是很有智慧，终于成为世间万物的管理者。那时候的人类不懂得纺织所以没有衣服穿，也不知道生火做饭，更不会建造房屋，就寻找那些天然的山洞作为住所。

　　《绎史》记载："女娲祷祠神，祈而为女媒，因置婚姻。"人不是神，有生老病死，女娲让男女配合，繁衍、抚育后代，教人类嫁娶的礼仪，使得人类得以延绵不绝。许多年过去了，人类一直过着快乐幸福的生活。

　　然而，天有不测风云，一场突如其来的大变故让幸福美丽的人间瞬间变成天塌地陷的状况：

　　往古之时，四极废，九州裂，天不兼覆，地不周载；火爁焱而不灭，水浩洋而不息；猛兽食颛民，鸷鸟攫老弱。于是女娲炼五色石以补苍天，断鳌足以立四极，杀黑龙以济冀州，积芦灰以止淫水。苍天补，四极正；淫水涸，冀州平；狡虫死，颛民生。

——《淮南子·览冥篇》

天的四面尽头称为"四极"。古人认为，天由四方的柱子支撑，"四极废"的意思是支撑着东、南、西、北四极的柱子倒下，天空坍塌下来，露出些可怕的大窟窿。九州指中国的地域，"九州裂"的意思是中华大地土地崩裂，地面上也破裂出纵一道横一道的黑黝黝的深沟。天不能完全覆盖地，地不能全部容载天。在这种大变动中，山林燃起了炎炎大火，波浪滔天，地面被洪水淹没。猛兽捕食善良的人们，凶恶的禽鸟用爪子抓取老弱的人们，大地上哀鸿遍野，一片狼藉。

地动山摇，到处一片混乱，处处都是无家可归的悲惨的人们，无情的洪水摧毁了他们的家园，大地疮痍满目，哭声震天。女娲看到人类遭遇这样惨烈的灾难，心如刀绞，焦急万分。她努力让自己冷静下来，决定赶紧把天补起来，让世界恢复原本的秩序。

于是她周游四海，遍访群山，挑选了许多和天空一样颜色的青色石子。可是，地上青色石子不够用，女娲在大江大河里取来白石、黄石、红石和黑石，再加上青石，这就组成了所谓"五色石"。五色石色彩斑斓，坚硬美丽，是补天的理想材料。

女娲在山顶垒起巨炉，从四方拔取芦柴，架起火来日夜炼制，将它们熔炼成胶糊状的液体，然后拿这些胶糊状的液体飞上天空，小心翼翼地把这些胶水一样黏稠的液体填在难看的窟窿上。胶糊状的液体很快凝固好，把丑陋的窟窿一点一点补好。火星在芦柴中明灭之际，天空已经是晴空万里，完好如初。疲惫不堪的女娲终于把天补好了。

她采集的五色石，就只剩下一块了，女娲便把它放在了山顶上。后来，由这一块没有机会补天的石头缘起，清代曹雪芹先生写作了四大名著之一的《红楼梦》。

可是，由于失去了原来的东、南、西、北四极的支柱，天空变得摇摇晃晃，难以维持，时时都有再次塌陷的危险，也许不久之后就会再次出现险情。

女娲眉头紧锁，思考良久，脑海中闪现出海中那只驮着天台山的神龟，对啊，只能用神龟的四只脚当作天柱了。她救人心切，干脆便把神龟的四只脚砍下来，分别放置在世界的东、南、西、北四极，像支帐篷那样，把天空重新撑起来，又把原先依靠神龟支撑漂浮的天台山移到东海边上一个叫作琅琊（Lángyá）的地方，就这样，天终于恢复了以前的稳定状态。

然而，女娲没有休息，她又用芦灰，阻塞住了滔天横流的洪水，填塞地上裂开的大沟壑，让大地也恢复了原貌，让人们能够在大地上重建家园。

最后，她还杀死了凶恶的黑龙，赶走了各种伤害人类的恶禽猛兽，从此天地恢复了稳定。天和地都有固定的位置，人们不必担心天会突然塌下来；山林的烈火逐渐熄灭，凶猛的鸟兽再也不能祸害人间，善良能干的人们活了下来，打猎种田、安居乐业。人间又恢复了宁静安详，世界的秩序重新恢复。

看到人间欣欣向荣的景象，女娲这个时候才感到自己已经筋疲力尽了，天修复了，地填平了，女娲用尽了最后一丝力气。她沉重地躺下了，躺在这个她无限眷恋的世界里，唯一平静的是她的内心。是啊，她已经为人类补好了天，肃清了恶禽猛兽，四极已稳，她再也不用为人类的未来担忧了。想到这里，她的眼皮十分沉重，于是，她安详地闭上了眼睛，从此再也没有起来。

《山海经·大荒西经》记载："有神十人，名曰女娲之肠，化为神，处栗广之野。"据说，女娲的肠子化为十个神人，守卫在栗广之野。

为了纪念女娲，人们在天台山下建起了女娲庙，朝拜者纷至沓来，而作为女娲后裔的人类，繁衍生息，绵延至今。

第三章

江河为什么朝东南方向流去

——共工怒触不周山

我们在小学阶段也许学过这篇课文：

> 要是你在野外迷了路，
> 可千万别慌张。
> 大自然有很多天然的指南针，
> 会帮助你辨别方向。
> 太阳是个忠实的向导，
> 它在天空给你指点方向。
> 中午的时候它在南边，
> 地上的树影正指着北方。
> ……
>
> ——《要是你在野外迷了路》

我们之所以能够借助太阳来辨别方向，是因为太阳具有东升西落的规律。神奇的大自然蕴含很多有趣的规律，这些规律好比大自然独特的语言，只有善于观察、善于总结的人们，才能读懂大自然特殊的语言，只有用心体会，方能领悟到大自然的美妙和神奇。

我们智慧的先民们发现了日月东升西落，江河自西向东注入大海的规律。那么，到底是什么力量使得日月东升西落？又是什么力量让江河自西向东汇入大海呢？据说这与天帝颛顼（zhuānxū）和水神共工的一场震天撼地的惨烈战争有关系。

据古籍记载，自从女娲把天和地修补好之后，人间又有很长一段时间安然无事，人们过着安居乐业的好日子。

黄帝妻雷祖〔即"嫘（léi）祖"〕，生昌意，昌意降处若水，生韩流。韩流擢（zhuó）首、谨耳、人面、豕喙、麟身、渠（qú）股、豚止（趾），取（娶）淖（nào）子曰阿女，生帝颛顼。

——《山海经·海内经》

黄帝的妻子雷祖生下昌意，昌意自天上降到若水这个地方居住，生下韩流。韩流长着长长的脑袋、小小的耳朵、人的面孔、猪的长嘴、麒麟的身子、罗圈腿、小猪一样的蹄子，韩流娶了淖子族的一个叫作阿女的女子为妻，生下颛顼。也就是说，颛顼是黄帝的后裔。颛顼是"五帝"之一，因辅佐少昊治理天下，被封到了高阳这个地方，所以颛顼号高阳氏。

据说颛顼的母亲是在看到星月交辉的奇观之后诞下颛顼的。那是一个盛夏时节，白天阳光刺目，天气闷热，树叶被火辣辣的阳光晒得发了蔫，地面上的大石头都被炙热的太阳晒得烫手。一直到太阳落山，暑气渐散，天气才凉快舒适一点儿，人们才能走出来透气。

出来透气的人群里面有一个叫作阿女的女子。一天，她在院子里乘凉，当时夜凉如水，微风习习，她仰望头上神秘广袤的青天：低垂的星空纤尘不染，星星们错落有致，闪闪发光，像是一粒粒散落在天际的钻石，散发出美丽夺目的光彩，眼前的美景令阿女感到心旷神怡。

忽然，北斗七星中的第七颗，也就是那颗叫作瑶光（也叫"摇光"）的星星，如箭一般迅疾无比地越过了明亮的月亮！那一刹那，星光与月光交相辉映，阿女不禁"啊"的一声叫了出来。很快，阿女就生下了一个婴儿，这个婴儿就是我们故事的主人公之一——颛顼。颛顼是一个怎样的人呢？

司马迁在《史记·五帝本纪》中评价说"静渊以有谋，疏通而知事"。静渊是安静深远的意思，谋是有主意的意思，疏通是指调节双方的争执、消除隔阂，知事指的是通晓事理、懂事。颛顼是一个聪明过人、明辨事理、有勇有谋的人。如果颛顼和我们做同学，他很可能会成为受同学欢迎、班主任老师喜欢的班长，把事情安排得井井有条。

那个时候也没有这么多功课必须完成，也没有这样多的课外辅导班必须报名参加，没有奥林匹克数学竞赛的压力，没有数理化、文史哲的分科，也没有模拟考、中考、高考。颛顼的优秀表现，使他获得了周围人的嘉许。年仅二十岁，颛顼便顺利继承了帝位，成为最高领导人。身为最高领导人的颛顼很忙碌。

《大戴礼·五帝德》记载："（颛顼）乘龙而至四海。"颛顼不负众望，成为一个忠于职守的天帝，他经常乘着龙巡视四海，十分辛苦。

许慎在《说文解字》中说："龙，鳞虫之长，能幽能明，能细能巨，能短能长，春分而登天，秋分而潜渊。"按照许慎的说法，龙是鱼类、爬行类等身体表面覆有鳞片的动物之中首屈一指的种类，身体伸缩自如，千变万化；飞天潜水，无所不能。如果我们也能有这样神通广大的坐骑该有多好！上课的时候把龙变小塞到口袋里；放学回家把龙变大，不用再担心遇到坏人；周末还可以带着龙一起去玩水、放风筝；考试没考好，当爸爸拿着大棍子追自己的时候还能骑着龙从窗户飞走……

不过，拥有无上权力的颛顼也有烦恼，他有一块心病，这块心病，和一个名叫"共工"的人有关。

炎帝之妻，赤水之子听訞（yāo）生炎居，炎居生节并，节并生戏器，戏器生祝融。祝融降处于江水，生共工。

——《山海经·海内经》

《路史·后纪二》中详细记载了共工的样子"共工人面，蛇身，朱发，而食五谷禽兽，贪恶顽愚，名曰共工。"共工是炎帝后裔，他的父亲是大名鼎鼎的火神祝融，共工长着人的脸、蛇的身子、红色的头发。共工人面蛇身的尊容，在现代人看来荒诞不经，其实，人面蛇身造型在出土的文物，比如玉雕中就有体现，这种造型和当时的宗教信仰和传说有关。

《左传·昭公十七年》的记载"共工氏以水纪，故为水师而水名"显示了共工水神的身份。父亲祝融是火神，而儿子共工是水神，这真是一对奇妙的组合。

《管子·揆度》的记载"共工之王，水处什之七，陆处什之三，乘天势以隘制天下"，更是十分肯定地告诉我们共工掌管了海洋、江河、湖泽、池沼等世界十分之七的领域。这是因为当时陆地占天下面积的十分之三，而水面占了十分之七。

《淮南子·本经训》记载："舜之时，共工振滔洪水，以薄空桑。"空桑是一个地名，在今天河南省陈留县南，相传是商朝丞相伊尹出生的地方。在舜统治的时代，共工曾经施展神力控制江河湖泊的水，顿时，洪水滔天，渐渐逼近空桑。可见共工是一个极其厉害的神。

黄帝和炎帝之间发生过著名的阪泉之战，作为炎帝后裔的共工与身为黄帝后代的颛顼关系非常紧张。颛顼不喜欢共工，共工也不喜欢颛顼。共工和颛顼虽然表面上还算和气，背地里却紧锣密鼓、秣马厉兵，随时准备送对方陪阎王喝茶聊天去。

就在这时，发生了这样一件事，《国语·周语下》记载"星与日辰之位，皆在北维，颛顼之所建也"，也就是说，太阳、月亮和星星被人拴在北方的天空上，始作俑者便是颛顼。

自从女娲修补好天宇以后，天地万物的运行渐渐步入了正轨，日月星辰也恢复了正常，天地四方都均等地享受阳光雨露的滋润，勤劳的人民日出而作，日落而息。到处都是一片祥和安定的景象。

但是继承帝位的颛顼是一个年轻任性的人，冒天下之大不韪，异想天开地做了一件让众人怨声载道却又无可奈何的事情——他竟然把太阳、月亮和星星都拴在北方的天空上，让太阳、月亮和星星永远固定在那里，不能移动丝毫。

这样违背规律，人们可就遭了殃，为什么呢？原来，太阳拴着的地方，人们被阳光刺得睁不开眼睛，本应是晚上的时间，人们却对着似火骄阳翻来覆去难以入眠。而居住在另外一边的人们，无论什么时间都陷入黑暗中，庄稼变得纤弱枯萎。整个世界的人们都叫苦连天，烦恼不已。

在颛顼看来，自己做的事情却无可厚非，所有人都要臣服于我，顺我者昌，逆我者亡。谁不听话，就要拿谁开刀。

而在共工看来，颛顼这样做事独断，态度蛮暴强横，为人非常不地道，完全不会换位思考，完全不能用仁德这个词来形容这个家伙。

共工的祖先炎帝和颛顼的祖先黄帝就有过战争，到了共工和颛顼这一代，因为星辰之事，矛盾愈演愈烈。共工忍受不了颛顼的压制，又想到祖先炎帝战败的耻辱，新仇旧恨交织在一起，双方剑拔弩张，战争一触即发。

颛顼：谁不服？

共工：我不服。

颛顼：不服来打。

共工：打就打！

于是，开战。

共工暗中联络天上同样不满颛顼统治的天神们，还聚集了炎帝的余部，他亲自扛起反抗的旗帜，统领着这些同盟者，发起对颛顼的挑战，要推翻颛顼的统治。

颛顼听闻此变，不免心惊胆战，但他很快冷静下来，考虑到共工率领部队的规模和自己的状况，做了两件事情：第一件事是点燃七十二座烽火台，召四方援兵疾速赶来助战；第二件事是点齐护卫的兵马，亲自披挂上阵，带领兵马前去迎战。

一场残酷惨烈的战斗展开了，这场战争十分激烈，两拨人马从天上厮杀到人间，再从人间厮杀回天上，天上和人间尸横遍野，血流成河，双方都杀红了眼，还没有分出胜负。

几个来回打下来，眼看共工的部众越来越少。这一天，颛顼和共工的军队打到了西北方，一直打到了不周山的脚下，白刃相接，壮士浴血，双方在不周山脚下决一死战。

不周山的山形奇崛突兀，又高又险，整座山就像一根巨大无比的长柱子，直插云霄，从下面向上望去，不见顶端，只能看见皑皑白云缓缓掠过山峰。

据《山海经·大荒西经》的记载，"西北海之外，大荒之隅，有山而不合，名曰不周"，不周山其实是女娲用以撑天的大乌龟的四只足中的一只所变化而成的，此山本来就是一根撑天的柱子，也是身为天帝的颛顼维持他统治宇宙的主要凭借之一。

而此刻，颛顼带领的人数远远多于共工手下的人数，漫山遍野的兵士团团围在不周山下。双方的军队在不周山脚下打得难解难分，异常激烈。颛顼部下士气高昂，而共工的部队也凶悍勇猛。

后来，共工的部队毕竟寡不敌众，只能向后撤退，且战且退。然而，一味地撤退带来的是不利的形势，眼看着已经无路可退。共工左右顾盼，大吃一惊，原来自己和部下都已经到了退无可退的地方——不周山脚下。巍峨的不周山上堆垒起来的黄色嶙峋的岩石横在眼前，此刻真的是一点儿退路也没有了，除非能飞。而人数众多的颛顼的队伍如狼似虎，个个摩拳擦掌，准备冲上来围剿自己的部队。

共工环顾左右，发现跟着自己来战斗的亲密下属东倒西歪，大部分已经战死，而幸存者衣衫褴褛、尘污满面，手持武器，用信任的眼神看着自己，一副视死如归的英勇神态。

共工内心既悲伤又愤怒，这些人千里迢迢追随自己，却落得如此下场。先辈的耻辱尚且没有洗刷干净，自己还要赔上性命，想到这些，他不禁悲怒交加，情绪激荡。

共工与颛顼争为帝，怒而触不周之山，折天柱，绝地维。故天倾西北，日月辰星就焉；地不满东南，故百川水潦归焉。

——《列子·汤问篇》

共工知道败局已定，再无法挽回，于是大吼一声，愤怒地凝聚全身的力量，猛地一头撞向支撑天地的巨柱——不周山。

霎时间，空中好似打了个响亮的焦雷，轰隆的巨响响彻天地。共工把这根撑天柱子碰断，不周山随着那惊天动地的声响，坍塌下来，这下子可不得了，天空立刻塌了一个大窟窿，地的一角也陷下去了。

共工的一撞，撞断了支撑天的柱子，也撞断了拴系着大地的绳子（即"地维"），既然绳子已断，原本被颛顼拴系而固定在北方天空的太阳、月亮和星星也就不能在它们原来的位置上了，太阳、月亮和星星纷纷不由自主地挣脱束缚。

共工无意中为百姓解除了白天永远是白天、黑夜永远是黑夜的苦难，也使日月星辰变成了今天我们所见的运行方式。

另外，受了山崩的剧烈震动，大地的东南角塌陷了，大川小河的水，也都向着地势低的地方流去，朝东南方向流去了，这些江河汇成了今天我们所见的海洋。

第四章

古人吃过烤肉吗

——燧人氏的故事

周末的一大乐事，是叫上三五个亲朋好友，围坐在一张桌子边，一边烤肉，一边说笑。爸爸不会脸色严肃地问作业有没有完成，妈妈也不会在这个时候抱怨糟糕的考试成绩，老师和考试都是那么遥不可及的事情。

如果用烧红的滚烫的炭烤，切得薄厚合适的肉会在篦子上吱吱作响，油星四溅；如果用经过除烟处理的松树枝烤，肉香中会融入一股松木的浓郁香气。烤好的肥肉微焦透明，瘦肉咸酥鲜亮，可配上细嫩甜辣的葱白和美味的调味汁。还有人喜欢用青翠欲滴的生菜卷着烤肉来吃，想想就忍不住要流口水了。

大家都大口大口地吃东西，生活啊，真是幸福。

你有没有想过，这样美味的烤肉，古人是不是吃过呢？如果吃过的话，他们的火又是从哪里来的呢？

火在自然界中并不罕见，火山喷发之际，浓烟滚滚，火光冲天；苦夏雷雨之夜，电闪雷鸣，蜿蜒的闪电倏忽劈到树尖上，树林瞬间也会起火。天火降临，烧毁树林之时，人们四散奔逃。

等到烟消火灭，森林已是生灵涂炭，满目疮痍，人们在烧焦的森林里走着，运气好的话，偶尔能捡到被火烧死的野兽，这些可怜的生灵遭遇了天灾，却阴差阳错成为天然的烤肉。人们抱着尝试的态度，拿来一尝，外焦里嫩，味道挺香，比生肉要好吃得多。

然而，并不是每天都能有这样的天赐美味。尽管人们在自然界中看到过火，可是，人们并不会生火。在漫长的远古时代，大多数的东西都是生吃的，植物果实是生吃的，狩猎打来的野兽，也是大家生吞活剥，连毛带血一块儿囫囵（húlún）吃了，因为除了天火以外，人们找不到火种，也不会制造火来进行烹饪。

在很长很长的一段时间里，人们因为火种不能久存而不得不过着生吞活剥、黑灯瞎火的日子。晚上山风凛冽，人们不仅要承受寒气的侵扰，还要提防野兽猛禽的突然袭击，日子真是苦不堪言。因此，保护火种便自然而然地成为一件非常重要的事。

又过了一段日子，人们发现火不仅仅能烧烤食物，还能帮助人们抵御严寒，免于受冻生病，甚至能令一些夜间行动的可怕野兽转身离开，人们的生活慢慢离不开火了。就这样，火在人们日常生活中扮演起了非常重要的角色。

不知道经过多少次的试验，人们渐渐学会用火烧东西吃，并且想办法把珍贵的火种保存下来，使它常年不灭。尤其是在寒冷的冬天，火更是成为安全、温暖、舒适的代名词，因为有了火，人们就可以常常围坐在火焰四周，一面烤肉填饱肚子，一面烤手温暖冻僵的身体，思维也随着恣意吞吐的火舌自由飞舞，幻想出瑰丽的故事……

为了保存这珍贵的火种，大家采集干燥的树枝，轮流值守，不让那火熄灭。这样做的代价是长年累月的付出，没有尽头的人力耗费。即使是这样，火还是可能熄灭，遇到阴雨天，潮气会使火熄灭；燃料也是不容易找到的，小树枝不耐烧，要找到干燥的粗大的木材又很难……可见保存火种是一项非常之难的任务，有太多的因素可以让美好的火种熄灭。

要是能制造火种就好了！人们这样想。可是，当时并没有火柴或者打火机之类的物品，怎么解决这个难题呢？

《太平御览》中记载了古人解决这个难题的方法。在遥远的上古时期，有个聪明的人目睹了人们保存火种的不易，为了改善自己老家人们没有火种用的痛苦状态，他发誓要解开如何制造火这个谜团。这个聪慧的人跋山涉水，走到极远极远的地方，这个地方远到连太阳和月亮都看不见了。这个连太阳和月亮都看不到的国度叫作燧（suì）明国。

燧明国非常偏僻荒远，连太阳和月亮的光辉都照射不到，可以说是不见天日，以至于当地人根本不知道春、夏、秋、冬四个季节，亦不知道白天和黑夜。燧明国的人们不会死亡，不喜欢过人世生活就飞升到天界。

在这个国家里，有一棵出名的大树，它的名字叫作"燧木"。这棵燧木确实非常巨大，它的树枝长得很高很长，树叶蓊（wěng）蓊郁郁，树枝与树叶弯曲回旋，盘结起来，仅仅树冠就占了一万多顷的面积，整个大树看起来就像是一片茂密繁盛的森林。

按理说，燧明国本来见不到日月之光，再加上有这么大的燧木遮天蔽日，燧明国的人应该过着暗无天日的日子，昼夜都是漆黑一片的。不过，事实根本不是这样的。

那善良又聪明的人到燧明国的时候已经十分疲惫，连日奔波让他身心俱疲，步履蹒跚的他坐在盘曲万顷的燧木下面休息。

不过，他很快被眼前壮丽的景象深深吸引了：燧木下面到处闪烁着美丽火光，火光如同珍珠生晕、宝石闪亮，灿烂的火光照耀得四下里明亮极了，照得燧明国宛如白昼。燧明国百姓就在这种绚烂动人的火光中劳作，过着怡然自得的生活。

那善良又聪明的人大受震动，羡慕地看着这些享有火种的人们，希望能把火光的来源探究出来，掌握生火的秘密，让故乡的人们也能享受这样无忧无虑的生活。我们生活中就有这样的人，做事情不仅仅考虑自己，还心中有他人，长大后利用自己所学，报效祖国。

为了造福故乡的人们，他决心一定要把火光的来源弄个明白。

功夫不负有心人，经过了好多天的认真观察，终于有一天，他发现了一些端倪。原来，燧明国这里有一种奇特的大鸟，大鸟的样子像鱼鹰，这种大鸟和火光有着密不可分的关系。也许是因为想吃树上的虫子吧，大鸟们在树上跳来跳去，用它们的尖嘴巴去啄燧木的树干找虫吃，每一啄，树干就发出璀璨夺目的火光。

见了这种神奇的景象，聪明人一下子领会到了取得火种的方法，于是他把燧木的枝条攀折下来，模仿大鸟啄树干的样子，用小一些的树枝去钻大树枝，果然也有火星迸出来！

可惜，用这种树枝钻出来的火，只有些微弱的火星，却无法产生火焰。是啊，如果燧木能钻火，那么整棵大树早就被大火烧光了。

聪明人很沮丧，却没有放弃。后来，他又改用别的小树枝试着钻燧木的大树枝，这样一来，虽然花费的力气比用燧木钻火多，可是，聪明人感觉到手中的木头有一些异样了。

他继续钻了一会儿，小树枝和燧木摩擦的地方居然开始冒烟，再后来，火星迸溅。聪明人简直不敢相信自己的眼睛，他的鼻子也闻到了烟的味道，此时，他才确信，自己真的成功了。他顿时信心大增，再接再厉，不一会儿，树枝呼地燃烧起来。他利用小树枝钻大树枝，通过摩擦生热，制造出了真真正正的火。

带着激动自豪的心情，聪明人踏上了回乡之路。

回到了自己的故乡，聪明人无私地把自己发明的钻木取火的办法教给故乡的人们，一传十，十传百，人们奔走相告，为获得取火的方法欢欣鼓舞。从此以后，人们想要生火就可以生火，不必再翘首等待天然的雷火（雷电点燃的火），更不必在无穷无尽的夜里守着火堆睁大疲惫的双眼唯恐火焰熄灭。就是这样，人们最终掌握了钻木取火的方法。

喝水不忘挖井人，人们知道，正因为这个聪明人发明了钻木取火的方法，所以大家才能享受到火带来的光明与温暖。人们感念钻木取火的发明者，因此叫他燧人，燧人的意思是"取火者"。

因为有了燧人，人们才掌握了钻木取火的方法，制造出地道的人工火。有了火，人们可以吃到用火烤熟的肉食，减少了闹肚子的机会，和野兽有了根本的不同。

时光流转，从前那个茹毛饮血的原始国度而今已经成为世界首屈一指的美食大国，目前我国有四大菜系、八大菜系、十大菜系之说。传统中所说的四大菜系包括苏菜、鲁菜、川菜和粤菜。

江南三月，草长莺飞。苏菜由南京、徐海、淮扬和苏南四种风味组成，选料讲究、刀工精细、口味偏甜。苏菜擅长炖、焖、蒸、烧、炒。代表菜品"清蒸狮子头"吃起来肥嫩不腻，是一道家喻户晓的名菜。

千里冰封，万里雪飘。风头如刀面如割的北方有着和南方不同的趣味。鲁菜味浓咸鲜，是北方菜系中的一颗明珠，鲁菜厨师喜欢拿酱、葱、蒜来做调料，常用炸、熘、爆、炒等手法烹饪菜肴。鲜美的"葱烧海参"和香酥的"糖醋鲤鱼"都是鲁菜中脍炙人口的名菜。

具有天府之国美誉的四川人杰地灵，四川菜有炒、煎、烧、炸、熏、泡、炖、焖、烩、贴、爆等三十多种烹饪手法，麻辣是四川菜的风味。色、香、味、形俱全的"宫保鸡丁"和没有"鱼"却具有鱼类鲜香的"鱼香肉丝"红遍大江南北。

位于南海之滨的广东菜在烹调上以炒、烩、煎、烤著称，名菜"脆皮烤乳猪"集鲜、嫩、爽、脆于一身，油亮鲜美；而以蛇肉为主料的羹汤"龙虎斗"以独特食材和味道驰名中外。

到了清朝末期，原来的四大菜系加入浙菜、闽菜、湘菜、徽菜，便成为现在所说的"八大菜系"。后来，在这"八大菜系"之上，再增添京菜、沪菜便有"十大菜系"之说。

浙菜代表菜品"东坡肉"原汁原味，"慢着火，少着水"的火候方能造就"东坡肉"的红亮色泽与醇味浓汁，造就连大文豪苏东坡也赞不绝口的美味。

闽菜代表菜品"佛跳墙"荤香浓郁，原料有海参、鲍

回到远古和神仙们聊天

鱼、鱼翅、干贝、猪肚、羊肘、蹄尖、蹄筋、火腿等几十种海鲜与肉类，把这些原料煨于一坛，融海鲜的鲜味与肉类的香味于一身，浓郁荤香，却荤而不腻。

湘菜代表菜品"富贵鸡"芡（qiàn）大油重，肉嫩入味，健脾开胃，滋补强身，既美味又健体。

徽菜代表菜品"臭鳜（guì）鱼"醇滑爽口，鱼肉酥烂。经过特殊处理的鱼肉佐以猪肉片、笋片，名"臭"而味香。

而这一切的美味的烹饪过程，都离不开火，更离不开那个千里迢迢到燧明国取经，教会人们钻木取火的燧人。

第五章

是谁发现了断肠草

——神农尝百草

《太平御览》记载"神农氏，姜姓也。母曰任姒，有蛴（jiǎo）氏之女，名女登，为少典妃"，神农的母亲有一日"游于华阳，有神龙首感女登于常"。炎帝的样子非常奇特，"（炎帝）人身牛首，长于姜水，有圣德。以火承木，位在南方，主夏，故谓之炎帝，都于陈，作五弦之琴。凡八世"。

炎帝神农生于华阳，华阳就在今天的河南新郑市北附近，炎帝因长期居住在渭水河的上游姜水一带，改为姜姓。

《水经注·漻（liáo）水》中记载：神农出生的时候，诞生地的周围，自然涌现了九眼井，这九眼井彼此相连，若是汲取其中一眼井的水，其他八眼井的水都会波动起来。这神奇的九眼井很容易令人联想起我国东北黑龙江省黑河市著名的五大连池风景区，因为火山喷发，熔岩阻塞了白河河道，形成了表面分隔实则相互贯通相互连接的五个湖泊。神话传说中的九眼井，又隐藏着何等神奇的奥秘呢？

传说神农是一位极其慈爱仁义的大神，他天生睿智，待人宽厚，深得部族爱戴，他不仅是原始农业的创始人，还是遍尝百草发现中草药的"医药之神"，备受先民推崇，被史官尊为三皇之一。

远古的时候，人们还不会种田，那么，那时候人们的食物从何而来呢？其实，那时人们过着原始游牧生活，主要依靠打猎、捕鱼、采摘野果为生。如果运气不好，就要面临挨饿受冻的窘境，甚至有时因为狩猎而遇难。

一方面，人类繁衍生息，人口数量迅速增长，食物需求量增加了；而另一方面，野兽的数量、果实的自然生长速度无法赶上人类繁育后代的速度，供给量相对不变。这就造成了"僧多粥少"的局面，长此以往的结果就是食物一天比一天少，一天比一天难找，自然界产出的食物渐渐不够吃了。

《太平御览》记载："神农之时，天雨粟，神农耕而种之。"有一天，神农正在院子里乘凉，天气宜人，小院幽静，唯有白云悠悠飘过，神农不知不觉就闭上眼睛，半睡半醒中，神农忽然感到脸上痒痒的，不知道是什么东西落到了脸上。神农缓缓睁开眼睛，摸起那掉在脸上的东西，满腹狐疑地一看，啊，原来是一粒粟谷！许许多多谷种从天而降，这就是"天雨粟"的传说。还有一种更玄的"丹雀衔九穗禾"的传说。

王嘉在《拾遗记》中记载，神农是从一只丹雀（遍身通红的一种神鸟）那里得到的谷种，据说丹雀嘴里衔了一株九穗的禾苗，飞过天空的时候，穗上的谷粒已经成熟，沉甸甸的谷粒却因为禁不住丹雀飞翔带来的上下颠簸，所以就像雨滴一样纷纷从天而降，坠落到地上。这其中有一些谷粒掉落下来的时候，不偏不倚，刚巧就砸到了炎帝神农的脸上。

神农将粟谷拾起来，用手指揉搓粟谷，得到了一粒晶莹的粟米。他抱着试试看的心态把它放到嘴里品尝，粟米特有的清香让他兴奋不已，他觉得这种植物果实的味道很好吃，就蹲下来把落到地上的粟谷都捡起来。神农把这些谷种收集起来，播种在开垦过的土地上，这些谷粒在肥沃的土地里生根发芽，到了秋天，都长成了高大的谷物。

《管子·形势解》中记载，神农教人们种植谷物，食用这些种植出来的农作物果腹。从此以后，人们可以依靠自身的聪慧与劳动增加自然作物的产量，不再像以前那样只能被动依靠自然。"神农"这个名字是人们因感念他的恩德对他的尊称。

仁爱的炎帝神农除了教会人们播种五谷，用自己的劳动换取富足安全的食物，还告诉人们如何辨别有毒的草和有益的草。

我们会看到误食毒蘑菇后，一家人轻则腹泻、重则丧命的新闻报道。我们为悲剧的发生和无辜生命的逝去扼腕可惜的同时，也要吸取这些以生命为代价换来的教训，远离危险。在炎帝神农生活的时代，这样误食有毒植物的事件就更多了，再加上狩猎过程中意外造成的外伤，很多人因此生病甚至去世。看到人们中毒的惨状，神农痛心疾首，他决心要尝遍天下百草，区分哪些是可以食用的，哪些是不能食用的，哪些可以做药材，哪些不能做药材，让人们能够规避那些毒草，在遭遇疾病毒伤的时候能找到救命的草药。

神农是如何辨别草有无毒性的呢？原来，神农有一种神鞭，叫作"赭（zhě）鞭"，赭就是红褐色的意思。

《搜神记》卷一记载，神农用赭鞭鞭打各种各样的药草，这些药草经过赭鞭一鞭，有毒无毒，性寒性热，便都自然地呈现出来。虽然神农有赭鞭帮忙，但这种神鞭只能分辨出植物有没有毒，而不能细致地显示出这些植物的不同药性。要想对症下药，治病救人，那就一定要亲口尝一尝，以身试药，确定药效后再根据病人的症状给病人医治。做医生虽说是治病救人，但这是一种弄不好就要闹出人命的高危职业。每次尝试植物的药性的时候，神农都要冒着去鬼门关走一趟的风险。

这一天，神农为了认清更多植物的药性，便带着赭鞭，拄着木杖向远方启程了。神农到达的这个地方，山高谷深，树大林密，时常有毒蛇猛兽出没。神农既要攀登高耸险峻的山峰，又要横渡波浪滔天深不见底的大河。为了砍断木藤搭建云梯，神农的手不知道磨破了多少回；为了采集草药，神农的木杖不知道拄断了多少根，草鞋也不知道穿烂了多少双。转眼间，秋去冬来，天上飘下来纷纷扬扬的大雪，神农依旧不辞辛苦地品尝百草，把草药的药性记录下来。有的草药令人身体麻木，丧失知觉；有的草药令人兴奋，狂躁不已；有的草药令人腹泻呕吐，但当人们误食毒物时，食用这些草药却能排毒救人；有的草药毒性猛烈，吃完后如刀割，如火烧，如针扎，令人感觉天旋地转，肝肠寸断。

最为凶险紧张的一次，莫过于神农品尝断肠草的那一次。根据《述异记》的记载，断肠草生长在"今秦赵间"，"状如石竹，而节节相续"，除了叫作断肠草以外，"又名愁妇草"。

断肠草的根、茎、叶、果都有剧毒，误食导致人死亡。误食后几分钟内就令人呼吸困难，如果不能及时医治，这看似不起眼的断肠草很快便能夺走人的性命。

在神农已经是一位白发苍苍的老人的时候，由于吃过大量的毒草，神农体内累积的毒素发作了。他多年奔波劳碌，再加上身体抵抗力下降，终于再也抵抗不住，倒在路边。

神农摔倒的地方长着一株不起眼的小草，这个开着玲珑艳丽黄花的藤状植物就是后来令人闻风丧胆的断肠草。神农凭借多年的经验，猜测这种小草应该有剧毒，但是他不知道这小草到底会有什么样的作用。

吃还是不吃呢？神农不是第一次尝试毒草，只有他自己亲身尝试过，才能记录下来，让后人知道药效。可是，自己身体已经大不如前，万一这草毒性猛烈，而自己又没有解药，恐怕凶多吉少。神农掂量再三，他陷入了深深的矛盾中。

这很可能是自己最后一次为百姓尝草药了，神农凄然地笑了。神农把小草放在嘴里细细咀嚼了起来，他一边品尝着，一边用笔记录自己的感觉。

神农感觉天旋地转，眼前的一切变得模糊不清，即使睁大了眼睛也看不清楚，好像有人掐住了自己的脖子一样喘不上气。神农强忍住痛楚，把这些感受记录下来，直到他慢慢丧失了一切知觉。

弥留之际，神农稍感安慰的是自己已经尝了很多草药，而且把药性都记录下来了。人们看到他留下的书，就能分辨什么是药草，什么是毒草了。在遭受疾病毒伤之害的时候，人们也能按照记录找到解药，不会因为误食毒草白白送命了。神农慢慢闭上了眼睛，嘴角却露出了安详满意的微笑。

为了纪念神农的壮举，人们把神农尝百草的这个地方称为神农架，神农架在今天的湖北省西部边陲。有很多古代的大学者认为《神农本草经》就是神农写成的。

在《神农本草经》中，草药按照在药方中的不同作用，分为君、臣、佐、使四种。君药指的是治疗疾病起最主要作用的药；臣药指的是辅助治疗的药物；佐药是指协助君药、臣药治疗或消减毒性、烈性的药；使药是能引方中诸药直达病所或调和诸药作用的药。现代中医学界认为这本书应该不是神农一人所写，而是汇集了古代众多医学家经验的集大成之作。

明朝有一位著名的医药学家李时珍，他是湖广蕲（qí）州（今湖北蕲春）人，出生于一个医学世家。李时珍本人也弃文从医，他发现本草医籍上的一些错误，并没有敷衍了事，而是在参阅了大量的典籍的基础上，又实地考察了许多药物，历时三十载，修改三版，终于编成《本草纲目》。然而，由于种种原因，没能等到《本草纲目》刊刻面世，李时珍就去世了。

在现实生活中，我们也能遇到那些化验医生，那些在防治传染病一线冒着风险工作的白衣天使。让我们尝试进入神农、李时珍这些医者的内心世界，他们淡泊名利，为他人默默奉献，到底为什么呢？名医孙思邈留下这样一段话：

凡大医治病，必当安神定志，无欲无求，先发大慈恻隐之心，誓愿普救含灵之苦。若有疾厄来求救者，不得问其贵贱贫富，长幼妍媸，怨亲善友，华夷愚智，普同一等，皆如至亲之想。亦不得瞻前顾后，自虑吉凶，护惜身命。见彼苦恼，若己有之，深心凄怆……

其有患疮痍下痢，臭秽不可瞻视，人所恶见者，但发惭愧、凄怜、忧恤之意，不得起一念蒂芥之心，是吾之志也。

——《千金要方·论大医精诚》

这段话的意思就是：凡是品德与医术俱佳的医生为患者治病，一定要安定神志，无欲念，也无希求，首先要有慈悲同情之心，有决心拯救人类痛苦的志向。如果有病患来求救，不管对方是贵贱贫富，是老幼美丑，是仇人还是亲近的人，不管是什么民族、什么资质的人，都要一律平等看待，存有对待最亲近的人一样的想法。也不能瞻前顾后，考虑自身的利弊得失，只顾爱惜自己的身家性命。看到病人的烦恼，就好像看到自己的烦恼一样，要有感同心受的痛楚……

如果有病人患恶疮、泻痢，污臭不堪入目，别人都不愿看的，医生一定要从内心同情对方、怜悯对方、关心对方，不能产生一点儿不快的念头，这就是我的志向。

医者仁心，此言不虚。

第六章

史官也会记错事情

——仓颉造字

"你看你，老是这样马虎，连这么简单的题也会弄错！我都说了多少遍了……"

"什么？看错了？人家怎么不会看错呢？怎么每次都是你出问题？两只眼睛干什么去了？我看你，就知道玩……"

"你还狡辩？你看人家那谁，又是第一名。下次再犯同样的错误，叫你爸爸揍你了。"

"周末不许出去玩，妈妈给你报了补习班，那里有一个严厉的老师，弹完钢琴就赶紧收拾东西去少年宫。不许�’嘴……"

每次考完试，老师和家长就揪住试卷上的错误不放。其实，人非圣贤，孰能无过？再说，正是因为我们是学生，会犯错，才需要大人们的指点。说句实在话，不分青红皂白一味指责的教育方式不恰当。不过，这样的责备背后，有着厚重的期待和关爱，大人们期望我们能变得更加优秀，希望我们以后能够有能力站在更高更精彩的平台上。体谅到大人们的用心良苦，是不是心里就会不那么憋屈了？

大人也会犯错误，今天故事的主人公就是黄帝的史官——仓颉（jié）（"仓颉"也作"苍颉"）。

《汉学堂丛书》记载，黄帝的史官仓颉是一个聪明伶俐的人。这个聪明伶俐的人一生下来便不同凡人，他的样子很特别：一张十分宽大的龙脸，四只放射灵光的眼睛。

仓颉造字的故事要从结绳记事开始说起。

《周易·系辞下》记载："上古结绳而治,后世圣人易之以书契。"那个时代,先民们没有文字,就用结绳的方法帮助记忆事件,发生了大事,就打一个大的绳结;如果发生的是小事,就打一个小绳结。两个绳结之间绳子的长短表示事情发生的时间间隔。

也就是说,结绳记事是以绳结的大小、数目及结与结的距离,记下结绳者本人所要记录的事件。结绳记事有一个很大的问题,就是只有结绳者本人才能准确解读结绳的含义,知道自己是为何事而结,每个结又记录着何事,换一个人很可能完全看不明白结绳所记何事。

我国的少数民族独龙族,还保留有结绳的风俗。

汪宁生先生在《从原始记事到文字发明》中谈道:"独龙族远行,借结绳计算日子,每行一天,打一个结。若朋友约定几天后相会,亦可先在一根绳子上打几个结,每过一天解开一结,结子解完即知相会之期已到。"

可是,古代的结绳只能起到帮助记忆事情发生与间隔的作用,如果发生了复杂的事件,要记录事件内容,结绳记事就无能为力了。

在黄帝统治时期的某一天,黄帝一脸严肃地看着仓颉,可怜的仓颉满面愁容地盯着眼前的绳结看,这种情形倒是有点儿像语文考试时学生对着卷子做看图说话,都是通过观察所给的线索提取有效信息。不同的是，我们看的是图片，只要老老实实地按照老师千叮咛万嘱咐的格式"什么时候，谁，在哪儿，做什么，说什么"记录下来，把事件的起因、经过和结果说清楚就行了。

而可怜的仓颉大人只能看着间隔一定距离，只有大小之分的绳结拼命回忆这些绳结代表哪一件事情。可是，因为大事不少，小事不断，这绳结打着打着就乱套了，事情当然也就记不清了，再加上这些绳结在外观上区别不大，所以确实很难区分这些绳结分别是代表哪件事。

黄帝看着自己的史官仓颉大人，仓颉大人一脸懵然，脑袋里已经有无数个事件在厮杀，手心因为紧张冒出了冷汗。

据说，这仓颉大人本来是个聪明的人，可是，他还有一个缺点——马虎。黄帝欣赏仓颉的才华，就把仓颉带在身边。有一次黄帝和炎帝因为边境的事起了很大的争执，两方面都拿出证据，仓颉负责为黄帝提供事实依据。然而，这种传统的结绳记事的方法太不好用，事情一多，就不容易记住这些绳结到底代表的是哪些事情，所以，仓颉把某些事给记错了。这是谈判，而非考试，考试成绩不好是影响个人的问题，而事情记错的结果是使得黄帝在这次谈判中败下阵来。

因为仓颉大人从绳结记录中提取的资料出了差错，致使黄帝在解决边境争端的时候失利，仓颉感觉自己辜负了信任他的黄帝，内心十分愧疚。黄帝因为这件事情，认为仓颉做事不够周详，虽然没有责备仓颉，但是黄帝态度的转变让仓颉心里很难过。

不过，仓颉并没有沉溺在失败的挫折中，而是痛定思痛，思考解决结绳记事无法准确记录复杂事件的问题。如果能有一种简单易记的符号，这种符号能够表达思想感情，记载历史事件，普天下的人一看，就都能明白是什么意思，不用再因为忘记或者混淆绳结代表的事件该有多好！

许慎在《说文解字·序》中记载"黄帝之史仓颉，见鸟兽蹄迒（háng）之迹，知分理之可相别异也"，于是，"初作书契"。段玉裁注"按史者，记事者也，仓颉为记事之官，思造记事之法"。"蹄迒"指的是鸟兽的脚印；这里的"书契"，指的是文字。

仓颉与其在黄帝这里继续担任史官的职务，背负着沉重的包袱过日子，不如出去走走，也许能够在外面的世界寻求到录史记事的好办法。仓颉辞官以后，一面云游天下，一面遍寻代替结绳记事的方法。

传说有一年仓颉到南方远游。有一天，仓颉登上一座阳虚之山。阳虚之山在现在的陕西省雒（luò）南县，这座山挨着玄扈（hù）洛汭（máng）之水。那里山清水秀，他忽然看见一只大龟在水边高兴地爬行，这只大龟的龟背上面有许多青色花纹。

仓颉看到那只大龟后，觉得非常稀奇，就取来大龟细细观察，反复研究。他看来看去，发现龟背上的花纹竟是有意义可通的。如果花纹能够表示意义，那么，我们定下一个规则，这个规则能够表达固定的意义，岂不是人人都可用来传达心意、记载事情吗？

仓颉为自己的发现而欢欣鼓舞，他再接再厉，继续寻找更加理想的记事符号。

皇甫谧在《帝工世纪》记载"黄帝使仓颉取象鸟迹，始作文字之篆"，认为"史官之作，盖自此始"。《汉学堂丛书》中记载："（仓颉）于是穷天地之变，仰观奎（kuí）星圆曲之势，俯察龟文鸟羽山川，指掌而创文字。"《帝王世纪》记载仓颉"记其言行，策而藏之，名曰书契"。

仓颉探究天地万物的变化分布，抬头探看奎星圆曲的形势，低头考察乌龟背上的花纹、鸟雀羽毛的花纹以及山川起伏曲折的光景。他根据这些大自然的现象，在自己的手掌上描画，就这样创造了文字。

几年后，仓颉回到故乡，过着深居简出的生活。因为担心被人打扰而影响进度，仓颉把自己关了起来，闭门钻研，潜心创造新的符号。

这些符号都是按照万物的自然形态创造出来的。代表太阳的符号"☉"，是比对着太阳圆圆的模样描绘的；代表月亮的符号"☽"，是仿照着月牙儿的形态描绘的；而代表人的符号"𠆢"，是参照人体手臂和小腿的侧影创造的；代表鸟兽脚趾的符号"爪"，是观察鸟兽的爪印绘制的；代表牛的符号"牛"，是仿照牛的犄角与牛头的造型设计的；代表马的符号"马"，是仿照骏马的马头、马尾巴和四条蹄子的模样；代表手的符号"手"，是参照手指和手掌的样子画出来的；代表水的符号"水"，是依照众水并流之形勾勒出来的；代表火的符号"火"，也是按照火焰升腾之状描画的……

仓颉细心地观察世间万事万物，为了寻找最佳的符号，殚（dān）精竭虑，苦思冥想。他呕心沥血地整理得到的各种材料，细心地分门别类，对着资料绞尽脑汁，在手上比比画画，勾勾连连，时而紧锁眉头，时而眉开眼笑，时而奋笔疾书。这样单调的日子不知过了多久。

终于有一天，一道闪电迅疾划过天空，随着这耀眼的闪电，雷声阵阵，门外传来噼里啪啦的声音，像下雨又不像下雨，哗哗，哗哗哗。当人们推窗一看，却惊奇地看到，落下来的竟然不是雨滴，那是什么呢？人们好奇地用手接过天上掉落的东西，惊讶地发现，那居然是一粒粒粟米！

《淮南子·本经篇》中记载，在仓颉作书的时候，天上落下粟米，黑夜中隐约传来断断续续呜咽的声音。那声音哀婉凄凉，令人毛骨悚然，据说，那是鬼怪夜哭之声。

原来经过了夜以继日的整理，仓颉终于创造出了一套能够代表世间事物并记录世间发生的事件的符号。他给这些符号起了个名字——"字"。仓颉也因为这项伟大的创造，被人们尊称为"字圣"。仓颉造字的创举令天地都为之动容，所以才显现"天雨粟""鬼夜哭"的奇妙现象。

读到这里，聪明的你也许会有疑问，汉字真的是仓颉一个人创造出来的吗？现代学者们认为，答案是否定的。事实上，汉字是由无数个像仓颉这样善于观察、勤于思考的人共同创造、慢慢补充丰富形成的。

更为重要的是造字这件事本身的意义，有了文字以后，历史上发生的重大事件就能以文字的形式记录、流传下来。人们宝贵的知识和经验也得以突破时空的限制，以文字的形式传播给更多的人，让更多人受益。

没有哪一种语言像汉语这样，具有如此强悍的表达力：

春江花月夜

春江潮水连海平，海上明月共潮生。
滟滟随波千万里，何处春江无月明！

江流宛转绕芳甸，月照花林皆似霰。
空里流霜不觉飞，汀上白沙看不见。
江天一色无纤尘，皎皎空中孤月轮。
江畔何人初见月？江月何年初照人？
人生代代无穷已，江月年年只相似。
不知江月待何人，但见长江送流水。
白云一片去悠悠，青枫浦上不胜愁。
谁家今夜扁舟子？何处相思明月楼？
可怜楼上月徘徊，应照离人妆镜台。
玉户帘中卷不去，捣衣砧上拂还来。
此时相望不相闻，愿逐月华流照君。
鸿雁长飞光不度，鱼龙潜跃水成文。
昨夜闲潭梦落花，可怜春半不还家。
江水流春去欲尽，江潭落月复西斜。
斜月沉沉藏海雾，碣石潇湘无限路。
不知乘月几人归，落月摇情满江树。

　　唐代诗人张若虚的《春江花月夜》将诗情、画意和哲理融为一体。个体生命的深情和浩瀚宇宙的奥秘，在春江月夜的澄静画境中徐徐展开。

天净沙·秋思

枯藤老树昏鸦，

小桥流水人家，

古道西风瘦马。

夕阳西下，断肠人在天涯。

元代曲作家马致远的《天净沙·秋思》，前三句全由名词连缀而成，列出九种景物，言简意丰。寥寥几句，却把断肠人在天涯的悲凉之感写得寒透肌骨。美哉汉语！

当我们跟随老师的指导在胸前空中书写横、竖、撇、捺的时候，当我们在田字格里写下第一个汉字的时候，当我们跟着爸爸妈妈在路上散步，突然在路旁广告牌上看到认识的汉字的时候，或者当我们在异国他乡学习或工作，看到方方正正的汉字的时候，那种源自悠久历史和灿烂文化的民族自豪感便油然而生。

汉字既是我们学习、表达、交流的工具，也是我们精神家园的守候者，让我们一起了解汉字、热爱汉字，用汉字书写出最美的篇章吧！

第七章

向大海复仇的小鸟

——精卫填海

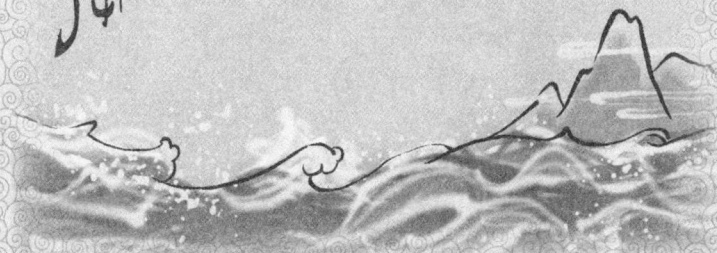

我们前面讲过炎帝神农的故事，根据袁珂先生在《中国神话传说——从盘古到秦始皇》一书中的说法，炎帝神农氏一共有四个女儿。炎帝的第一个女儿，史书上称作"少女"，她追随仙人赤松子，也修炼成了仙人，并随着赤松子远走他乡。

炎帝的第二个女儿学道得了仙，住在南阳愕（è）山的桑树上。到了正月初一这天，她就去衔了些小树枝来，在树上做窠巢。等到正月十五日窠巢做成了，她便住在树上，再也不肯下来。她的形躯有时化作白鹊，有时仍然保持女人的状貌。后来，炎帝的这个女儿在火光和烟焰中，蜕去了血肉的形躯，升上天空也成了仙人。

炎帝的第三个女儿叫瑶姬，可惜她还没有成年就夭折了。因为天帝垂怜瑶姬的遭遇，就封瑶姬做了巫山的云雨之神，瑶姬早晨化作朝云，自由地徘徊在峡谷之间；到了黄昏，她又变作一阵潇潇的暮雨，对着巫山巫峡发泄她的哀怨。神女瑶姬还帮助大禹治理洪水，因为留恋巫山的美景，瑶姬和巫山当地人结下了深厚的感情，从此就在巫山住下来，不再离开。瑶姬每天都要站在高崖上，凝目眺望着往来于瞿（qú）塘峡、巫峡、西陵峡（被称为"三峡"）的全长七百里的峡谷中的行船。她关心来往巫峡的船只和旅客的命运，因为长久地站在高崖眺望，不知不觉地，瑶姬渐渐化身为许多峰峦中的一座山峰了，这座山峰就是有名的神女峰。而陪伴瑶姬的侍女们，一个个也都化作了大大小小的峰峦，就是现在的巫山十二峰。

炎帝最小的一个女儿叫作女娃。这一章，我们要讲的是炎帝小女儿女娃十分悲壮的故事。女娃是炎帝的掌上明珠，住在发鸠（jiū）山（位于今天的山西省长治市长子县）上。女娃是一个外表柔弱却个性倔强的少女。她和她的姐姐们可大不一样，可能是因为她年纪小的原因，她既不想修炼飞仙，也不像瑶姬那样多愁善感，她的心愿是能够跑到东海看日出。

女娃心中一直有着去东海边看太阳升起的愿望，于是，女娃几乎每天都要缠着父亲炎帝带她去。可是父亲炎帝要处理政务，实在太忙了，一直没时间，只好一而再，再而三地拖延。女娃见指望不上父亲，年少轻狂的她决定自己去。这一天，女娃瞒着炎帝，一个人驾着小船出发了，往东海驶去。

当女娃来到东海的时候，东海海面上非常平静，天空是浅浅的蓝色，东边的天空有一痕红色的朝霞，不一会儿，太阳在天海相接的地方露出小小的红红的脸，像是小孩子的拳头一样大，慢慢地越来越大，也越来越红。

太阳下面是仿佛在酣睡的大海，女娃看着眼前一望无际的蔚蓝色的大海，看着白色的浪花翻卷奔涌，她完全被这片深蓝色的海洋征服了，大口大口呼吸着带有咸味的空气，望着无限温柔的大海，海浪温柔地推动着女娃的小船，像是慈祥的母亲轻轻抚弄在摇篮里熟睡的婴儿一样，小船随着波浪温柔地一起一伏。岸边的山丘、树林渐渐变小了，看不清楚了。不知不觉中，小船被海浪推送到了大海的深处。

年少无知的女娃却根本没有意识到在大海的深处，在低吟的海浪涛声里，潜藏着一股可怕而神秘的力量，一种能够置她于死地的危险力量。女娃不知道，危险正在一步步狞笑着靠近她。不知从什么时候开始，原本温柔的大海突然消失不见了，取而代之的是一个风雨肆虐、残暴可怖的"地狱"。

阳光渐渐黯淡了，太阳缓缓躲在了黑压压的乌云背后，海风突然变硬了，可怕的海上风暴来了！呼啸的海风发出恐怖的声响，被海风扬起的海浪狠狠地拍打着、推搡着女娃驾驶的一叶扁舟。海风越来越大，海浪也随之越来越高，越来越汹涌，越来越急促，豆大的雨滴很快砸了下来。暴风骤雨中的小船颠簸沉浮，时隐时现，被海浪抛来抛去，宛如一个被巨人随意玩弄的玩具一样。女娃毕竟年少，她充满恐惧地望着扑面而来的巨浪，惊慌失措地左躲右闪。

小船似乎永远都无法抵达海岸了。不知道过了多长时间，筋疲力尽的女娃惊恐万分地发现最后一点儿黄昏的光也消失了。夜幕终于如约而至，海天之间伸手不见五指，只有天上的星星发出一点儿微弱的光。她害怕极了，双手使出吃奶的力气挣扎着，渴望亲爱的父亲能够出现在眼前，把自己救走。她多希望有人能告诉她，这只是一个噩梦，一切都会好起来的。

无情的大海突然涌来一个巨浪，女娃的小船被巨浪撕扯着，她被甩出了小船，巨大的漩涡把可怜的女娃吸入了深渊，很快吞噬了女娃渺小的身体，震耳的涛声掩盖了一切。就这样，女娃不幸淹死在海中。

发鸠之山，其上多柘（zhè）木。有鸟焉，其状如乌，文首、白喙（huì）、赤足，名曰精卫，其鸣自詨（xiāo）。是炎帝之少女，名曰女娃。

——《山海经·北山经》

女娃的灵魂回到生长着茂密的柘树的发鸠山上，化成了一只形状像乌鸦、头上有花纹、白色嘴巴、红色爪子的鸟，人们把这种鸟叫作"精卫鸟"。女娃化成的这种精卫鸟的叫声像是她自己名字的声音。因为精卫鸟的前世女娃是炎帝的女儿，所以民间又把精卫鸟唤作"帝女雀"。

女娃游于东海，溺而不返，故为精卫。常衔西山之木石，以埋（yīn）于东海。

——《山海经·北山经》

因为精卫的前世女娃不小心淹死在东海，所以精卫深怨大海吞没了她前世年轻的生命，发誓要把大海填平。因此，精卫不断去衔西山的石子和树枝，一刻不停地飞到遥远的东海上空，悲鸣着把石子、树枝丢到大海里，用来填塞东海。就这样，日复一日，年复一年，精卫鸟的渺小身影在一望无际的大海上空往来穿梭，坚持把树枝和小石子投到海里面。

浩瀚的大海根本不把小小的精卫鸟放在眼里，它的任何一朵小浪花都比精卫鸟大。看到精卫鸟每天从西山衔来小石子、小树枝投入海中，企图填平自己，大海感觉非常不可思议，甚至不止一次当面嘲笑精卫鸟，把精卫鸟当作一个不自量力的家伙。

可是，精卫鸟依旧每天都不辞辛苦地来回奔波，不理会大海的冷言冷语。精卫鸟要让藐视她、伤害过她的恶势力，为曾经的暴行付出代价，一定要让自己的沉冤得到昭雪。

《述异志》卷上记载："今东海畔精卫誓水处犹存，溺此川，誓不饮其水。一名誓鸟，一名怨禽，又名志鸟，俗名为帝女雀。"如今东海还有精卫誓水的地方，因为精卫前世女娃曾经淹死在那里，所以精卫发誓不喝那里的水，精卫又叫作"誓鸟"。

精卫填海的故事让我想起了一个身边真实的故事。曾经有一个小女孩儿，想要参加学校的舞蹈团。她刚一进学校，就被那四周都是镜子的舞蹈室吸引了，她每次经过舞蹈室，都要慢慢走过去，在经过的时候盯着门缝看很久。她梦想自己也能和舞蹈室里面的幸运儿一样，有漂亮高雅的舞蹈老师指导，像美丽的天鹅那样翩翩起舞。而学校舞蹈团的老师眼光很高，只接收天赋高的学生。很多家长通过各种方法获得舞蹈老师的联系方式，费尽心思让自己的孩子进入舞蹈团。可是，如果孩子没有天赋，舞蹈老师都是一口回绝。

她天资不高，周围的同学已经把舞蹈老师教的动作做得非常到位了，可她还是做不好那个旋转的动作。舞蹈老师在心里早就把她排除在名单外了。可是，当下课后大家急匆匆换鞋、打闹的时候，舞蹈老师却发现有一个倔强的身影，是那个天资不高的女孩子，独自对着镜子练习刚才学会的舞蹈动作，她原本梳得紧紧的马尾辫已经有点儿松了，呼吸声也粗重起来，汗水顺着额头缓缓地流下来。

舞蹈老师看着女孩子认真练习的样子，决定给她一个机会。进了舞蹈团以后，女孩子学得最慢，团里比她长相漂亮的、比她资质好的孩子不计其数，但是所有的人都没有她跳得好。原因是她在别人休息的时候，对着镜子反复练习。命运没有赋予她跳舞的天赋，她却用自己的勤奋来弥补先天的不足。那一次毕业演出，她是领舞。她至今也不知道，在筛选入团学生的时候，老师原本是决定放弃她的。可是她的锲而不舍、不向命运屈服的精神，让她超过更有天赋的同伴，成为最受瞩目的白天鹅。

这个女孩子和精卫鸟一样，有着锲而不舍的精神。精卫填海的故事虽然笔墨不多，但是，从传说中我们能感受到精卫身上那种坚韧不拔的精神。精卫渺小的身躯与无限辽阔的大海形成强烈反差，它几乎不可能填满大海，可是，它还是不懈努力，还是怀揣着坚定的决心，它弱小却没有向强者屈服，勇于同命运抗争，有一种不能被打败的人格魅力。

就连晋代大诗人陶渊明也在《读山海经·其十》中称赞精卫鸟。明清之际的顾炎武先生是杰出的文学家、学者和思想家，他还是一个具有民族气节的知识分子。顾炎武曾经和"复社"人士一起反对宦官权贵。当清兵在南方势如破竹之时，顾炎武挥毫写下《精卫》一诗：

> 万事有不平，尔何空自苦；
> 长将一寸身，衔木到终古？
> 我愿平东海，身沉心不改；
> 大海无平期，我心无绝时。

呜呼！君不见，

西山衔木众鸟多，鹊来燕去自成窠。

　　这首诗从精卫填海的神话典故引申出了顾炎武自己恢复故国的不移决心。

　　精卫鸟的故事还没有讲完，当精卫鸟穿梭往来在山海之间的时候，遇到了海燕。《述异记》卷上记载："昔炎帝女溺死东海中，化为精卫……精卫无雄，耦海燕而生，生雌状如精卫，生雄状如海燕。"精卫鸟遇到了海燕，两情相悦，然后便与海燕结成了夫妻。它们生了很多很多的孩子，那些雄性的小鸟长得像海燕，而那些雌性的小鸟的模样像精卫鸟。小鸟们也模仿妈妈的样子，衔来山上的木石投入海中。

　　当我们放假去海边游玩的时候，如果运气好的话，就可以看到那些往大海里投送石子和树枝的小鸟。它们扑扇着翅膀，在波涛汹涌的大海上空盘旋，突然张开喙，一颗小小的石子"扑通"一声掉进大海中。它们什么时候才能够填平大海呢？谁也不知道，可是，我们中国有一个成语叫作"海枯石烂"。

　　精卫填海，与中华民族不畏强暴、疾恶如仇、敢于抗争、百折不挠的精神联系在一起，成为中华民族精神的象征。

第八章

以弱胜强的逆袭之战

——涿鹿之战

读书的时候，有的同学总觉得别的班级的老师又漂亮又温柔，自己班里的老师却总是那么严厉，还常常显露出一副恨铁不成钢的模样。尤其是到了期末考试之前，越是父母眼中、学校领导眼中的好老师，越是严格。这些好老师几乎都是火爆脾气，脸上虽然没有刻着"别惹我"，可是眼睛却总是放射出犀利的目光，那真是此时无声胜有声哪。这目光中有批评、严厉、规劝等复杂的意味，这目光中有山雨欲来风满楼的压迫紧张之感，令人如坐针毡，如芒在背。老师一进教室，周围都安静了，学生总能迅速做出正确反应，效果立竿见影：比猴子还多长了一只手的淘气包往往能很快把手自觉放好，把嘴巴合上，把脚收回到自己的课桌下面，连鞋子里的脚趾头都不敢猖狂了，个个老老实实地躲在里面，一动不动。

严厉的老师让人害怕，让人不敢犯错误。其实，正所谓"无规矩不成方圆"，如果没有一个强势的老师，一个班级很容易成为一盘散沙。

管理一个班级如此，治理一个部落更是如此。原始社会没有评分制度，但是人们不会忘记那些做出卓越贡献的部落首领，后世把这些人称为"三皇五帝"。这些被奉为楷模的部落首领，既能令部落里的人们心悦诚服地归附自己，又能够在部落之间发生争执之时，率领民众抵御外侮解决争端。

根据《易传》《礼记》《国语》《史记》等古籍的记载，"三皇"指的是伏羲氏、燧人氏和神农氏；"五帝"指的是黄帝、颛顼、帝喾、尧、舜。

教人们使用火的燧人氏、教人们种田的神农氏和大战共工的颛顼的故事，我们在前面的章节已经说过了；伏羲氏是一个喜爱思考的哲学家，同时，他喜爱运动，教人们习练武术；帝喾、尧和舜的故事我们会在后面细说。这一章，我们来谈谈黄帝和他的对手蚩尤。

黄帝的名字叫作轩辕，他是我国古代历史传说中的人物。黄帝与炎帝同是少典氏的后代，生活在同一时代。黄帝生于姬水，相传黄帝曾打败炎帝和蚩尤，结束了各部落间频繁的战争。因此，他被尊为五帝之首，也被认为是中原各族的祖先。

根据《河图稽命征》的记载，黄帝的妈妈名叫附宝。附宝所生活的那个时代，是原始社会，晚上没有华灯的绚烂光芒，四周是黑黝黝的山峦的影子。空气清爽，月光如雪，那些静默着的挺拔树木，被风轻轻拂过，叶子就发出像潮水一样的哗啦哗啦的低沉声音。附宝感到那风没有停，而是打着旋儿，一直穿越过那寂静低垂的夜空。

幽蓝色的天空低低垂着，好像一条宽阔美丽的大河。天宇上的星星闪着银光，照耀着一望无际的田野。

附宝沉浸在美丽的夜色中，感觉身心舒畅，万虑俱消。忽然，北斗七星中天枢星的周围出现了一道巨大的令人战栗的电光，电光弯曲地绕过天枢星，光芒四射，原野被那光芒照射得宛如白昼。附宝也被这闪耀的电光惊得目瞪口呆，因感应而怀胎，产下了一个婴孩。这个婴孩就是后来大名鼎鼎的黄帝。

看了这段描写，是不是会想起颛顼母亲阿女的故事呢？为何附宝感闪电生黄帝和阿女感瑶光而生颛顼的故事如此相似？如果你有了这样的感受，恭喜你，你已经在阅读中渐渐积累了更多见识，并且具备了非常宝贵的质疑精神。在我国神话传说中，远古男性始祖大都是感天而生的，炎帝母亲女登感神龙生下了炎帝，伏羲母亲华胥氏的经历更加离奇神秘，她踩到了一位天神留下的一个大脚印，于是生下了伏羲。好了，这不是古人在故弄玄虚，而是因为那时候人们对于生命起源的了解还不透彻，没有生殖健康知识的普及，人们以为这样举世无双的人必定是上天某位天神的后代。

黄帝处事果断，英勇善战，是一位称职的天帝。司马迁在《史记·五帝本纪》中说，在黄帝轩辕所在的时代，神农氏的后代已经衰败，各个部落互相攻战，残害百姓，人们生活在水深火热之中。可是，神农氏却没有力量来征讨这些凶蛮残暴的家伙。于是黄帝轩辕就训练军队，去征讨那些不来进贡的首领们。部落被打得服服帖帖以后，首领才来归顺。只有蚩尤，还没有人能够征服他。

蚩尤和他的九黎族勇士，是让所有部落闻风丧胆的噩梦。传说蚩尤人身牛蹄，还有说蚩尤头上长着坚硬锋利的角，耳朵旁的毛发竖起来好像剑戟。和以蚩尤为代表的这群勇士作战，意味着要和这些铜头铁额、手持利刃、行动似风、杀人如麻的勇士一决高下。蚩尤和他的勇士们所向披靡，首领蚩尤也被人称为战无不胜的战神。他不仅勇猛过人，还非常有谋略，他耳闻黄帝的盛名，深知贸然发动战争并无十分的胜算，于是他发动所有九黎族的勇士，暗中为战斗做了长时间的准备。在其他部落首领噤若寒蝉，黄帝亦不敢轻举妄动的时候，蚩尤突然发难，率领九黎族勇士在涿鹿攻击黄帝。

根据《山海经·大荒北经》的记载，蚩尤制造了各种杀伤力很强的兵器，来攻击黄帝。黄帝收到了情报，倒吸了一口冷气，他也是人，也会惧怕号称"战神"的蚩尤。黄帝心里明白，这一战凶险万分。但是，身为部落首领，他不能显露出战战兢兢的模样，他必须是勇敢的，是有力的。

残阳如血，苍山无言，部落中屋舍俨然，鸡犬相闻。时常有从田地归来的男男女女说笑着走过，白发苍苍的老人带着稚气未脱的孩子看西边变幻万千的火烧云。黄帝知道，这一战，没有人可以替他出征，他必须亲自上阵。如果不能力挽狂澜，这些无辜的人们就要遭受战乱之苦。

如果世上真的有蚩尤的对手的话，就是他黄帝吧！他已经肩负起保护部落的重担，他知道他所能得到的结局，要么是战死沙场，要么是赢得胜利。

重任在肩的黄帝决定带着臣子应龙到冀州的原野去攻打蚩尤。冀州是古九州之一，包括现在河北省、山西省、河南省黄河以北和辽宁省辽河以西的地区。

《广雅·释鱼》告诉我们，有翅膀的龙才被称为"应龙"。黄帝的臣子应龙是一种有翅膀的龙，所以它可以飞入高空，兴云致雨。应龙为了迎战，蓄积了很多水。

黄帝和应龙等日夜兼程，奔赴前线。终于到达涿鹿（今河北省涿鹿县）这个地方，蚩尤的军队旌旗飘扬，严阵以待，黄帝的部队也赶紧摆好了阵势。

黄帝率领如狼似虎的部下以迅雷不及掩耳之势发起了攻击，黄帝的勇士们个个彪悍勇猛，把蚩尤的军队打得乱成一片。不一会儿，地上投射出一条龙的影子，原来，天空中出现了一条庞大的飞龙，这正是应龙，他把蓄了一肚子的水喷吐出来，"哗"地冲向蚩尤的部队，蚩尤的勇士们纷纷遮面掩鼻，阵形大乱。

不过，蚩尤和他的勇士们身经百战，他们很快就重新排好阵形。蚩尤请来的风伯和雨师在应龙进行第二次攻击之前，开始作法。

风伯善于呼风收风；雨师则擅长布雨施霖。刹那间，狂风突起，顿时天昏地暗，狂风尖利的呼啸灌注进两耳，风挟着沙粒打来，令人睁不开眼睛。紧接着，天上浓云密布，顷刻间天昏地暗，雷声轰隆，大雨倾盆，冷冰冰的雨水兜头浇下，唰唰作响。黄帝和他的部下在一片风雨中狼狈不堪。

不仅如此，蚩尤还能作法制造大雾。

《太平御览》中记载："黄帝与蚩尤战于涿鹿之野，蚩尤作大雾，弥三日，军人皆惑。"双方激战正酣之时，蚩尤施展法术，顿时，浓雾茫茫滔滔，漫山遍野被蒙蒙烟雾笼罩起来，远山消失了，只有一片模糊不清的青苍。鏖战的黄帝和黄帝的军队被围困在中心，因为在大雾中既分辨不出方向，也看不到铜头铁额的九黎族勇士，就像是盲人一样，只能依靠听觉和触觉寻找方向，保护自己。一不小心就被从后面突然靠近的九黎族勇士砍杀。这仗还怎么打呢？这仗没法打了！军心已散，还打什么？黄帝的军队只好落荒而逃。

黄帝被猛如豺狼虎豹的九黎族勇士打得狼狈不堪。黄帝屡战屡败，一连吃了好几个败仗，只好且战且退，不敢在同一个地方停留太久，他狼狈不堪，心乱如麻。随从们更是被接二连三的失败打击得快要丧失信心了。可是，即便如此，他依旧没有屈服。这是因为他身上有一种精神，我们称之为"百折不挠"，就是无论受到多少挫折，都不退缩，就是即使被毁灭，也不能被打败的硬汉精神。

号角呜呜吹起，战斗才开始，铿铿锵锵的军刃相撞之声混着呼喊声、惨叫声。黄帝望过去，只见战场上人头涌动，不久，暴风骤雨猛烈袭来，这是由于风伯和雨师开始作法的缘故。

霎时间一弧耀眼的光芒插入凄风苦雨之中，紧接着，风停雨收。雾中的军马渐渐浮现出来。

原来这是黄帝的救兵天女旱魃在施展法术，旱魃浑身散发着光芒和热量，是风伯和雨师的对头，她有一个神奇的能力——驱走风雨，让天下大旱。

黄帝的士兵们看见雨过天晴，信心倍增；而蚩尤的部下心中慌乱，顿时一片大乱。蚩尤见军心涣散，知道留在此地只能有害无益，便施法召出了铺天盖地的大雾。

迷迷蒙蒙的大雾遮掩了兵营，白雾罩着远处，军阵不见尽头，各人双脚也没入茫茫的雾中。在这片无边无际的浓雾之中，黄帝的兵士们迷失了方向。

"黄帝乃令风后法斗机，作指南车以别四方"，接到黄帝指令的风后根据北斗七星的运行规律制造出了一辆指南车，车子前面的小仙人总是指示出发时设置的方向，是一种能帮助人们辨别方向的工具。黄帝在指南车的指引下找出了正确的方向，活捉了完全没有防备的蚩尤，应龙下手杀死了战神蚩尤。

《山海经》中记载蚩尤被杀，束缚蚩尤的木枷，都被血染红了。这副木枷被抛弃到荒野上，立刻变成一片鲜红的枫林。关于蚩尤之死，还有另外一种说法，据说是蚩尤在涿鹿战败以后，在"解"（今山西解县）这个地方被杀。蚩尤流出的血，就形成一个红色的盐池，就是解县附近的解池。

其实，世界上没有人能够永远是胜者，只有那些能够克服心理压力的人才能成为"蚩尤"的对手。上天不会放弃一个真诚付出的人，我们不妨把身边优秀的同学当作榜样，当作自己的老师。有一天，也许自己也会变得同样优秀，或者更为优秀，甚至也成为别人的榜样。

没有人永远是冠军，但总会有人是冠军。菲尔普斯的粉丝战胜了菲尔普斯，纪录总会有人打破，更加重要的是那种不屈的精神。你可能会有流泪、失望、无助、顶不住压力的时候，只要再硬着头皮坚持一下，真诚地付出足够的努力，总会成功。这就是那句"世上无难事，只怕有心人"的深意吧。

最后，我们来聊聊和"黄帝"同音的"皇帝"。皇帝是封建社会最高统治者的称号，被奉为"九五之尊""万乘之尊"，古人对皇帝的称谓有"陛下""圣上""万岁"等；皇帝称自己为"朕"，穿的是"龙袍"、睡的是

"龙床"，连说的话也是君无戏言的"诏"或者"谕"等不可违抗的命令。

在我国，这个称号是从秦始皇开始使用的，我国最后一个皇帝是清代的溥仪。从秦始皇到溥仪，"皇帝"这个称号在中国历史上存在了两千多年。随着溥仪的退位，皇帝，这个曾经显耀无比的称号，已经被深深留存在云谲（jué）波诡的历史中了。

第九章

越挫越勇的忠贞朋友

——刑天舞干戚

在著名的历史演义小说《三国演义》中，"千年老二"周瑜在和智勇双全的诸葛亮三次智斗惨败后，急火攻心，怀揣着无尽的愤怒、无奈、不解、遗憾，仰天长叹，发出了"既生瑜，何生亮"的感慨。

而后，这个少年时英姿勃发的才俊，便心灰意懒，溘然长逝。后人批评小说中的周瑜气量太小，不能容忍别人比自己更优秀。不过，这种无论如何努力，都赢不了才智高于自己的那个人的体验，考试成绩总是班级第二的同学和周瑜先生一样，也曾体验过吧。

在没有现代教育考试制度的远古时代，炎帝也有这种非常不甘心的感受。

《绎史》记载，炎帝和黄帝是同母异父的兄弟。在第五章中，我们已经知道了神农炎帝是一位非常优秀的首领，也是一位极其慈爱仁义的大神。然而，到了炎帝的晚年，炎帝的同母异父的弟弟黄帝开始兴起，黄帝是一个伟大领袖，一位比炎帝能力更强的首领。

黄帝和炎帝的处事方式不同，道不同不足与谋，两个人无法说服对方，发生了矛盾，闹得水火不相容，最终反目成仇，大动干戈。

根据《史记·五帝本纪》的记载，在轩辕（就是黄帝）所在的时代，神农氏（指炎帝）已经衰败，各诸侯互相攻战，残害百姓，而神农氏没有力量征讨他们。于是轩辕就习兵练武，去征讨那些不来朝贡的诸侯，各诸侯这才都来归从。轩辕修养德行，整顿军队，研究四时节气变化，种植五谷，安抚民众，丈量四方的土地。

黄帝行仁义之道，但是炎帝不顺从，所以黄帝和炎帝就产生了矛盾。黄帝和炎帝曾经在阪泉这个地方，爆发过一次惊天动地的战争，因为"黄帝行道而炎帝不听"（《绎史》卷五引《新书》），所以"黄帝与炎帝战于阪泉之野"（《列子·黄帝篇》），黄帝率领着很多部下参战。

战争十分惨烈。根据《绎史》记载，当时可见"血流漂杵"的景象，"杵"原是捣物的一头粗一头细的木棒，这里指一种作战武器。战士的鲜血能够让武器漂浮，可以想见当时两军交战时的激烈残酷。

这场阪泉之战是我国传说时代的重要战争，因为年代过于久远，所以目前难以确定这场战争发生的具体时间。轩辕由于有众多小部族的帮助，再加上他的勇敢和智慧，在先后打了几仗之后，轩辕最终取胜，征服了神农氏。诸侯都尊奉轩辕做天子，取代了神农氏，这就是黄帝。

根据《淮南子·天文训》的记载，"南方火也，其帝炎帝，其佐朱明（即祝融），执衡而治夏"，炎帝是南方的天帝，辅佐他的是火神祝融，手里拿了一把秤杆，掌

回到远古和神仙们聊天

管夏天；"中央土也，其帝黄帝，其佐后土，执绳而制四方"，黄帝是中央的天帝，辅佐他的是土神后土，手里拿了一条绳子，四面八方都管。身为哥哥的炎帝只能掌管南方，而弟弟黄帝却能号令四面八方。

影响战争结果的因素有很多，但是，在我们为仁爱的炎帝扼腕可惜的时候，我们也不应该忽视炎帝身上潜藏的弱点——柔懦。因为柔，炎帝才能体会到饱受战乱的人民的痛苦；因为懦，炎帝才会在战败后选择忍气吞声，希望通过自己的退让换来和平。

春秋时期的大儒孔子推崇仁爱，孔子有一句名言——"己所不欲，勿施于人"。这句话的意思是说，自己不想要得到的东西，就不要强加在别人身上。从某种角度来说，炎帝或许不是战争中的胜者，却一定是忠厚仁爱的长者。而炎帝的弟弟黄帝，善于谋断决策，他拥有炎帝所不具备的优点，是一个非常有能力的统治者。

《山海经·西次三经》记载，"又西北四百二十里曰中山"，有一个"神二代"即钟山山神烛龙之子，这个家伙叫作"鼓"，"鼓"伙同天神"钦䲹 (pí)"，合谋在昆仑山东南面杀害了天神"葆 (bǎo)江"。知悉此事的黄帝非常生气，立即派人在钟山东面的崤 (yáo)崖把凶手们杀死，给可怜的葆江报仇。

遇到心术不正的小人，黄帝也能明察秋毫，绳之以法。《山海经·海内北经》记录说，蛇身人面的天神贰负，有一个臣子叫危，这个危心术不正，他教唆他的主人合伙把另外一个天神窫窳（yàyǔ）谋杀了。黄帝认为不能放过罪魁祸首，立刻命人捉来危，将危捆绑在西方的疏属山上，用刑具枷了他的右脚，又因地制宜地用头发反绑了他的双手，拴在山头的大树下，也通过惩罚这个无耻可恶的家伙警示其他坏人。

每个人都有无话不说的好朋友，从刚开始走路就认识的好哥们或者好姐们。好朋友往往一起上学和放学，在熟悉的路径上走了很多年，一起穿过春日的斜斜雨丝，一起乘过夏天的浓绿柳荫，一起踏过深秋的满阶红叶，一起听过冬季的簌簌雪落。就这样一年一年地长大了，他们的身影渐渐远去。奇怪的是，在人山人海中，我们也能够一眼认出那些人。

炎帝就有一个非常要好的朋友，他的名字叫作刑天，是一个坚韧不拔、永不妥协的巨人。

《路史·后纪三》记载，刑天是一个非常有才华的人，他喜欢音乐和文学，曾经创作一支叫作《扶犁》的乐曲，还创作过一首名为《丰年》的诗歌，总的名称叫作《下谋》。如果刑天能够来到现代和我们做同学，那他很可能会成为班级里多才多艺的文体委员，在开学典礼和节日演出时独领风骚。

阪泉之战后，炎帝被黄帝击败的消息很快传遍了天下。巨人刑天在得知炎帝被打败这个消息后勃然大怒，因为刑天非常爱戴仁爱的炎帝。

不久，战神蚩尤和黄帝的涿鹿之战爆发。刑天也想参加战斗，被炎帝阻止了。时间过得很快，刑天又听到了一个噩耗，原来，在蚩尤和黄帝的涿鹿之战中，战神蚩尤不幸战败，被黄帝杀害。

一颗仇恨的种子在刑天的心里悄悄生根发芽。生性勇猛的刑天这一次没有和炎帝打招呼，而是偷偷拿起自己的盾牌和板斧，直奔黄帝所在的中央天庭，威风凛凛地拿着盾牌和板斧站在黄帝面前，打算和黄帝单挑。

黄帝得知了刑天的来意，当即提着一口削铁如泥的宝剑，和刑天厮杀在一处。刑天大力挥舞板斧，板斧呼呼作响；黄帝手持宝剑，宝剑发出逼人的寒光。两人你来我往，金属交接之声不绝于耳，从天上杀到凡间，又沿着凡间的路，一直杀到了西方常羊山附近。

常羊山，就是今天的甘肃陇南市西和县仇池山。刑天天生神力，发疯似的抡起板斧狠狠砍向黄帝，黄帝的力气不如刑天大，但是他十分灵活地躲来躲去，只见他原来所在位置的坚硬岩石，被板斧一击，火星四溅。黄帝看得心惊肉跳，一边打，一边寻找刑天的弱点。刑天既有攻击用的板斧，又有防守用的盾牌，黄帝急得焦头烂额。就这样，两人不知打了多长时间，还是没能分出胜负。两人的体力都在下降，身体疲惫，呼吸渐渐沉重，刑天挥动板斧的力量慢慢小了一些，黄帝挥动宝剑的速度也逐渐慢了些。

可是，刑天和黄帝都知道，这是生死关头，不敢有丝毫懈怠。黄帝依旧沉着冷静地观察形势，而此时的刑天开始焦躁不安。突然，黄帝抓住了一个机会，趁着刑天不留神的时候，冷不防一剑砍向刑天的脖颈。等到刑天反应过来的时候，已经没有时间用盾牌挡住黄帝劈来的致命一剑，只好拿起板斧抢向黄帝，绝望一击。黄帝先发制人，手起刀落，刑天的头颅从脖颈上滚落。

刑天摸到自己的头颅已无，心中慌张，顾不得许多，右手连忙把板斧递给拿着盾牌的左手，蹲下身子来摸索自己的头颅。可是，他只摸到了突兀尖锐的岩石，茂密葱茏的树木，怎么也摸不到自己的头颅。

原来，黄帝担心找到头颅的刑天会重新连接头颅和身体，再次找自己的麻烦。于是，他赶紧提起宝剑，砍向常羊山，常羊山"轰轰"几声，一分为二，刑天的头颅骨碌碌地滚落到中间，常羊山的两部分又旋即合拢。就这样，黄帝把刑天的头颅埋葬在常羊山下。

没有人知道没有摸到头颅的刑天当时的心情，他意识到黄帝是不会让自己找到头颅的。他苦苦摸索的手停止了寻觅，他的身躯像一座巨大的山峰静静地矗立，一动也不动。他久久地蹲在那里，黑色的影子很大很大，像一张巨大的帷幕。

难道，他和黄帝的战斗就这样结束了？他如今已经身首异处。那么，他是不是已经变成一个可悲可笑的可怜虫了？他不后悔自己当初的选择，只是遗憾。他的心里有些苦涩，他耳畔响起弹奏过的《扶犁》、吟唱过的《丰年》，想起他爱戴的炎帝、他痛恨的黄帝，他忍着剧痛，握紧了手上的盾牌和板斧。

不，不是的，刑天还有手，他的手上还有武器。是的，他还活着，虽然他并不知道自己还能够坚持多久。此刻，虽然没有了头颅，刑天把两个乳头当成眼睛，把肚脐当成嘴。

（刑天）乃以乳为目，以脐为口，操干戚以舞。
——《山海经·海外西经》

失去了头颅的刑天站了起来，身体直立着，他一手紧持盾牌，一手舞动大斧要与黄帝继续战斗。他看不清面前手持利刃的黄帝，也无法看清脚下曲折难行的路。他说不出一句话，也无法发出缓解痛楚的呻吟的声音，可他终究没有丧失力量和勇气。天与地形成了一个画框，画框中间是刑天悲壮的身影。他一手握板斧，一手持盾牌，对着黄帝抢起板斧，板斧挥舞，呼呼风声在旷野中显得特别苍凉。

这时候，就连身经百战的黄帝也不禁大吃一惊，他战胜过自己强大的哥哥炎帝，又战胜了看似坚不可摧的战神蚩尤。但是从来没有一个对手，能够像刑天这样，在失去了头颅之后，依旧不服输。刑天虽然死了，但却赢得了所有人的尊敬。

晋代诗人陶渊明在《读山海经》中用"刑天舞干戚，猛志固常在"，表达了对刑天的这种精神的赞赏。在四方文学作品中，也有对刑天这种坚持不懈精神的赞扬。海明威在《老人与海》中所表达的"一个人可以被毁灭，但不能被打败"的硬汉精神，和刑天的刚毅不屈相互映照。

这种以弱对强、刚毅不屈的精神，和我们读过的精卫填海的精神有相似之处。一个人的肉体可以被外在的武力摧毁，可是他的精神却可以不屈服。这种坚韧不拔的精神，让人变得强大，让人不论是面对强势的暴力，还是死亡的威胁，或者是变幻莫测的命运，抑或是未知的力量，都能以坚强的意志和无所畏惧的勇气坦然面对。

第十章

太阳到哪里去了

——夸父逐日

有一天我放学回家，看到太阳快落山了，就下决心说："我要比太阳更快地回家。"我狂奔回去，站在庭院里喘气的时候，看到太阳还露着半边脸，我高兴地跳起来。那一天我跑赢了太阳。

这是台湾作家林清玄的作品《和时间赛跑》中的一段话，林清玄在读小学的时候，外祖母去世了。外祖母生前最疼爱他，他每天在学校的操场上跑圈，以此来排解自己的忧伤。

父母告诉他外祖母永远不会回来了。他不明白什么是永远不会回来了，父亲解释说，所有时间里的事物，都永远不会回来了。当有一天你度过了你的所有时间，也会像外祖母一样永远不能回来了。

我们今天讲的故事的主人公，也是和太阳赛跑的人，他就是大名鼎鼎的夸父。夸父是夸父族的一个巨人。夸父族人住在聂耳国的东面。

根据《山海经》的记载，夸父族的人是大神后土的子孙，在北方无边的荒漠深处，一座叫作"成都载天"的山上生活。夸父族人一个个都是身材高大的巨人，力气极大，耳朵上挂两条蛇，手里握着两条蛇。"珥"指的是用珠子或玉石做的耳饰，夸父国的巨人们在耳朵上佩戴蛇形的玉坠。虽然模样古怪，但是夸父族人的性情却极为和善。多年以来，夸父族人一直过着简单平静而逍遥自在的日子。可是，波澜不惊的日子渐渐被打破了。

不知道从什么时候开始，天气开始变得越来越燥热，雨水越来越稀少。地面上很多植物都枯萎了，田地里能够充饥的庄稼也越来越少，族人的生活十分凄苦。人们渴盼着天气能够凉快一些，可是，上天似乎故意和人们较劲儿。因为酷热和饥饿，不少人死去。

凉爽的黑夜渐渐消逝，清晨那点儿凉爽劲儿才没多久，太阳就早早地从东方出来了。不一会儿工夫，毒辣辣白花花的耀眼日光就开始炙烤着大地，大地宛如一口热锅，愈来愈热，愈来愈干。人们被酷日晒得浑身热汗，快要被周围炙热的气息闷得窒息了。偶尔刮过来一阵微风，也是干热干热的，没精打采地扑打在人的脸上身上，却不能带来一丝清凉，反而挟着一股热浪迎面扑来。

夸父族的一个巨人看到这样的惨状，十分难过。他想要追上太阳，减少族人的痛苦。于是，这个勇敢的夸父族人，就做了一件看起来有些傻气的事——追赶太阳。四周的族人有的赞赏，有的惊讶，还有的怀疑，大家各自观察着。

在广袤的原野上，太阳西斜，他瞧准太阳的方向，选定一条路，便甩开臂膀，提起长腿，迈开脚步，迅疾如风地奔向正落下的太阳。夸父不知疲惫地跑着，他流了很多汗水，来不及擦拭，汗水就干了。他的手臂机械地挥舞着，只有自己孤独的喘息声和单调的脚步声陪伴着他。他的家乡"成都载天"已经渐渐看不见了。前方是他不熟悉的山与水，是陌生的一片天地。而前面的太阳还在不停地前行，散发出金黄色的成熟的麦芒的光辉，照耀在他坚毅的脸庞上。

他的黑色影子，也在太阳的照耀下，拉得很长很长，像一头跳跃的鹿。就这样，夸父跟随着太阳跑了很远很远。不知道经过了多长时间，追逐太阳的夸父来到了一个叫作禺谷的地方。

《山海经·大荒北经》中记载："夸父不量力，欲追日景，逮之于禺谷。"日景，"景"同"影"，"逮"是"追上"的意思。夸父自不量力，想要追赶太阳，这一追便在禺谷追到了太阳。大诗人屈原在《离骚》中所写的"望崦嵫而勿迫"中的崦嵫山就在禺谷那里。崦嵫山，在今天的甘肃省天水县西，是传说中太阳每天会落入的地方。

太阳终于不再前行，夸父感觉自己马上就要追上这个鲜红炙热的红色火球了。原来那个遥不可及、高不可攀的太阳，如今触手可及，仿佛夸父踮起脚尖，直起腰板，一伸手就能够得到似的。这一刻，夸父等了太久了，他太激动了，手指因为紧张而微微颤抖。

眼前这一团红火焰，释放出炫目的光辉，把夸父笼罩在一片圣洁的光芒之中，夸父欢喜无比地举起他巨大的膀臂，像一只大鸟展开自己的翅膀，想要用双手捉住这太阳。夸父感觉眼前的这一团火球，像是热腾腾的火炉一般炙烤着自己的身体。夸父被太阳照耀，身体里的水分飞速地流失着，再加上沿途跋涉的疲倦，他感觉到从未有过的饥渴和疲惫。他的眼皮重重地垂着，他感觉头重脚轻，像是踩在棉花里面似的。

根据《山海经·海外北经》的记载，巨人夸父与太阳赛跑，夸父追赶太阳，克服重重困难，终于追上了太阳。这时夸父想要喝水，于是就跑到河边，伏下身子，去喝黄河中的水，夸父实在是太渴了，他咕嘟咕嘟喝个不停，水面渐渐下降，河水下面的沙石、水草和鱼儿都显露出来，黄河的河水都给他喝干了。他又跑到渭河河边，再次伏下身子，去喝渭河里面的水，一口气又把渭水的河水都喝干了。

夸父"饮于河渭，河渭不足，北饮大泽"，然而，喝光了两条河的河水还是不解渴，夸父依旧觉得喉咙干渴难耐，热辣辣地干疼。附近已经没有可以解渴的大河了，这时候，他忽然想起在北方有纵横千里、烟波浩渺的大泽，大泽那一望无际的水一定可以让自己喝个够！

再也顾不上许多，夸父赶快迈开大步，向着北方疾奔而去。但是，就在夸父奔向大泽的路上，他眼前一黑，扑通一声，一头栽在地上。原来，因为长途跋涉，再加上太阳的炙烤，夸父的身体已经严重透支了，又渴又累的夸父像一座高大的山一样轰然倒地，大地也随之发出震耳欲聋的轰然巨响，霎时间尘埃弥漫。颓然倒地的夸父想要快些爬起来，赶到大泽，痛饮一番之后，继续追日，却发现无论自己如何挣扎，却再也没有一丁点儿力气爬起来了，更不要提跑到大泽那里了。

这时候的夸父产生了幻觉，他仿佛能看到那广阔无边的大泽，波光粼粼。时间一分一秒地流逝着，夸父感觉自己的情况越来越不好，他知道自己快要死去了。

夸父希望后面的人不要因为饥渴，像自己这样困死在荒地之中。于是，他用尽最后一丝力气，将陪伴自己的桃木手杖向着无垠的荒漠中央扔去。夸父"弃其杖，化为邓林"，木杖在落地的地方，立时生根发芽，长得枝繁叶茂，转眼间，便生出大片葱葱郁郁的桃林。

这桃林撑出一片美丽的树荫，在夏天能够结出丰硕美味的果实，为后世往来的行人遮阴和解渴。夸父死时所抛掉的拐杖变成的树林就叫作邓林。邓林，在今天的河南省灵宝西南。邓林，也叫桃林。

《山海经·中山经》中说，夸父山的北麓有一片树林，这片树林叫作桃林，方圆三百里，桃林中有很多马。

起初，人们对夸父逐日的看法是"自不量力"，他不知道自己几斤几两，不能正确衡量自己的力量，却偏偏要做超出自己能力的事情。太阳那么高，那么热，那么远，夸父你只是一个巨人，怎么能追得上它呢？别做白日梦了。夸父逐日这件事情，在外人看来，根本就是一件傻事。

　　一个人怎么能追上太阳呢？可是，如果我们从另外的角度来看，夸父逐日是一件多么惊天动地的大事啊。他身上有勇敢的可贵品质，这种品质让他能够坦然面对别人的质疑和嘲笑，敢于去挑战看似不可能的事情，并且拼全力去争取最终的胜利。这种敢于挑战的精神，能够让人变得坚强，变得无所畏惧。

　　随着年龄的增长和年级的升高，我们要学习的内容越来越多，课业也随之越来越繁重。每个人都会面临升学的压力。其实，正因为我们每个人的天赋、性格和养成的学习习惯都是不同的，所以，虽然是坐在同样一个教室里面，听同样的老师讲课，不同的人的学习速度也是不同的，有的快些，有的慢些。

　　每个人都是一个有思想、有感情，蕴含着无限能量和可能性的人，请你听一听自己的心声，认识自己，找到那个叫作梦想的东西，并且时刻告诉自己：我能行。不要畏惧，不要被身边质疑的声音影响，请你一定要相信自己，相信自己的能力，不要因为别人的嘲笑而怀疑自己。然后，请像夸父逐日一样，去全力以赴地追逐梦想吧！

读到这里的时候，也许有人会觉得奇怪，为什么夸父族的族人一定要在耳朵上挂上两条蛇形的玉坠呢？为什么夸父族族人选择的是蛇而不是其他的动物呢？如果是我们平时上学也在耳朵上挂上蛇，手里还握着花花绿绿的两条蛇的话，估计早就被门口的老师和警察叔叔拦住，或者被路人投以掺杂着疑惑和惊讶的目光啦。

在书上没有现成答案的时候，我们看似走进了一个死胡同，前方已经无路可走，实际上，这些阅读的瓶颈有时候反而让我们得到更多的收获。问题看起来好像是一堵墙。不过，换一个角度看，这堵墙很可能是一扇门——一扇打开未知世界，突破循规蹈矩的思维惯性的大门。

在《山海经·大荒北经》"夸父逐日"的这一部分，晋代学识渊博的郭璞先生做过注释，清朝谦逊和蔼的郝懿行先生在郭璞先生注释的基础上添加了注释，一生致力于《山海经》研究的今人学者袁珂先生也做了批注。可是，大家都没有写关于夸父国的人们喜欢佩戴蛇形饰物的原因的注释。

有学者研究过先民们和蛇的关系，认为两者的关系经历了从怕蛇、崇蛇、降蛇到人、神、蛇合一的蛇图腾的几个阶段。

最初，栖息于高山或者水滨或者岩洞的巨蛇是先民们的噩梦，它们通常霸占在舒适的洞穴或者湖滨，"嘶嘶"地吐着信子。这些恐怖的家伙在受到惊吓或者是饥饿的情况下，往往会喷毒液或者缠住那些猝不及防的人们。

然后，目睹了被巨蛇残害的同胞、先民们在悲痛、惧怕心理的交织下，不由自主地对巨蛇产生了一种敬畏心理。

后来，在先民与蛇的数次交锋中，先民们越来越聪明，处理方式越来越灵活，一些人就渐渐掌握了保护自己、控制蛇的本领。人们发现趁巨蛇冬眠时，可以消灭这些贪得无厌、肆意荼毒生灵的巨蛇。

再后来，有的氏族就把人、神、蛇合一的图腾视为自己的祖先，这些氏族认为图腾对本氏族成员能起到保护作用。我们华夏民族的始祖女娲正是这种蛇、人、神合一的典型形象。

这个复杂的过程经历了长期的演变。我们无法亲身体验先民们面对恶劣的自然条件奋力生存的感受，他们既无法像鸟儿一样飞上青天，也无法像巨蛇那样拥有令人丧胆的力量。然而，先民们克服了重重困难，顽强地生存了下来，并给我们留下了美丽的神话传说。

第十一章

遇到蛇蝎心肠的继母

——舜的故事

舜的故事

家住在妫（guī）水边的瞽（gǔ）叟夫妇觉得世界上再没有比自己的儿子象和女儿敤（kē）手更机敏、更可爱的孩子了，相形之下，同一屋檐下的舜则是世界上最差劲儿的孩子。

原来，瞽叟现在的夫人是他第二任妻子。瞽叟的第一任妻子，也就是舜的亲生母亲，在生下舜不久，就去世了。可怜的舜，连母亲的模样都不记得，就失去了世界上最疼爱他的亲人。

舜的出生非常传奇。舜的母亲握登氏在一场雨后，仰头凝视天空，被空中一道美丽的彩虹所吸引，不久后就怀孕了。在舜出生之前，瞽叟梦见一只凤凰落在面前，自称是来给他做子孙的，还衔着稻米恭敬地送进他的嘴里。

舜在很小的时候，就知道自己和弟弟象、妹妹敤手是不同的。弟弟象和妹妹敤手总是吃到最好的食物，穿上干净整洁的衣服，住在最舒适的房间里，被大人们带出去玩，生病的时候也总有人守候照料。

而舜，只能眼巴巴地望着这一切，吃的是残羹冷炙，穿的是褴褛衣衫，住在阴暗的角落……

弟弟象看到父母对待哥哥舜的态度，也把舜当出气筒。

舜小心谨慎地生活在家里，不肯轻易多说一句话，更不敢办错一丁点儿事。忠厚的舜尽心尽力地做力所能及的家务，还无怨无悔地照顾专横跋扈的弟弟和不太懂事的妹妹。幼小的舜这样委曲求全，很努力也很艰难地在这个冰冷的家里生存，希望得到父亲一点点的肯定和继母的接纳。

《尚书·尧典》中记载"（舜）父顽，母嚚，象傲"。舜的继母是一个奸伪狡猾的人，她心如毒蝎，故意找碴儿，隔三岔五就要打舜出气。他的爸爸瞽叟一心想讨好现任妻子，就什么都听她的，哪里还在意舜的死活。

《路史·后纪十一》中说"（舜）大杖避，小杖受"。"杖"指的是棍子，爸爸和继母常常拿棍子毒打瘦小的舜，要是遇见还吃得消的小棍子，舜就含泪忍着，任凭那无情的棍棒把身体抽出累累伤痕。可是，爸爸和继母有的时候竟然专门挑那粗大的棍子，劈头盖脸地狠命抽打可怜的舜，舜的哀求和哭泣都不起作用，伤心的舜只好逃避跑出家门。天地虽大，可是，哪里能接纳他呢？他跑到荒野去，那里没有什么人，适合治愈自己的伤口。

《孟子·万章》中这样记载"舜往于田，号泣于旻（mín）天"。"旻天"，是指天空，舜对着苍天痛哭不已，倾诉自己的委屈和痛苦。苍天无言，四野无声。

转眼间，舜已经长大了，他从家里搬了出来，在妫水附近的历山脚下盖了几间茅草屋子，开了一块田地。

天子尧正在寻访天下的贤人，准备把天子的位置禅让给贤人。尧是历史上有名的帝王，他的生活十分简朴。虽然贵为帝王，可是，他并没有富丽堂皇的宫殿，住的是用粗糙木头和茅草搭建的茅屋；他也不穿精致考究的舒适衣服，常年穿着粗麻布制作的衣服，等到寒冷的冬天来临，他也只是简单地披上鹿皮防风御寒。尧很爱护自己的臣民，他希望他的继承者是一个和他一样心怀臣民、德高望重的好帝王。

《史记·五帝本纪》中记载，舜二十岁的时候，他的孝行就已经传遍了四周。舜三十岁的时候，尧询问大家对继承人的建议，诸侯都推荐舜，说舜德才兼备，是一个理想的人选，可肩负这个重任。

尧非常喜欢舜，认为只有舜这样德行的人才能好好对待自己的女儿，于是，尧就把自己的宝贝女儿——大女儿娥皇和小女儿女英，都嫁给舜做妻子。

尧还赐给舜细葛布衣裳和琴，又吩咐人替舜修建了谷仓，给了舜成群的牛羊，原本只有几间茅草房和一块田地的舜，从一位普通百姓"逆袭"成了尊贵无比的天子的女婿。听到消息的舜简直不敢相信自己会遇到这样的喜事，一切都像是在做梦。

娥皇和女英听了舜的事迹之后，很欣赏舜的善良孝顺，嫁给他以后，夫妻之间相敬如宾，恩恩爱爱。舜成为一个富有且有地位的人，也终于有了自己的家，他从此有了干净整洁的房子，有了翘首期盼他回家的妻了们，他十分满足。是的，他终于有了一个温暖的家。

他带着自己端庄明理的两位夫人去看望家人。他没有因为自己平步青云而骄傲自满，他还是兢兢业业地谨言慎行，还告诫自己的妻子们要恪守孝道，操持家务，他一如往昔那样恭恭敬敬。

舜的父亲瞽叟和继母又是吃惊又是嫉妒。瞽叟怎么也想不明白，舜这个一钱不值的臭小子，为什么能够平步青云，成为天子的女婿。舜的继母恨得咬牙切齿，想让自己的儿了象取而代之。舜的弟弟象则贪婪地看着舜美丽的妻子，暗自策划着不可告人的阴谋。舜的父亲瞽叟、继母和弟弟象各怀鬼胎。

舜带着妻子们走后，舜的继母就开始露出狰狞的本相，她的心好像有一万只蚂蚁在爬在咬，说不出的难受。在舜潦倒的时候，她看不起舜；可是，当舜春风得意的时候，她又嫉妒，她容不得舜过得比自己的儿子象好。她希望自己的儿子象能取代舜。

她的儿子象是被宠坏的孩子，在象看来，舜的东西就是自己的东西，他垂涎舜美丽的妻子们，觊觎舜殷实的家产，按照当时的风俗习惯，弟兄死了，活着的那个人就可以继承死去的那个人的老婆。阴险恶毒的象，就设下一个圈套想把哥哥害死，然后取而代之。

瞽叟双手赞成这个阴谋，这几人一拍即合。东方渐白，毒计已成，而可怜的舜却对此一无所知。

　　第二天，瞽叟叫舜来修廪（lǐn），"廪"指的是粮仓。等舜沿着梯子爬上谷仓顶涂泥，瞽叟马上抽去梯子，在谷仓下面点燃柴火堆，想要烧死舜。而舜穿着娥皇、女英为他准备的一件画着飞鸟图案的衣服，在大火包围舜时，舜张开双臂向天高呼，这时候他变成了一只大鸟向天飞去，恶人们一个个惊得目瞪口呆。瞽叟没有死心，一计不成，又生一计。

　　瞽叟又让舜去挖井，舜挖井的时候，在侧壁凿出一条暗道通向外边。等到舜挖到深处，瞽叟和象一起往下倒土填埋井。舜感到头上乒乒乓乓地滚落沙石和泥块，赶紧跑到旁边的暗道隐藏，然后从暗道逃了出去。地面上刚刚填满了井的瞽叟和象很高兴，他们又在井上用脚把土踩踏实了。几个恶人高兴得合不拢嘴，迫不及待地跑到舜的家里分割舜的妻子们和家产。

　　残暴卑鄙的象到处指手画脚，无耻地对父母说："这个好主意是我想出来的，我的功劳最大。我来分，牛羊和谷仓归爹妈，我要这张琴、这把弓和两个嫂嫂……"娥皇和女英不知道舜还活着，两个人伤心欲绝地啼哭着。

　　象大摇大摆地取下舜的琴，拨弄着琴弦，想到自己成了这里的主人，高兴得眉开眼笑。正在这时，门忽然打开了，众人一看，原来来者正是舜！当死里逃生的舜走进屋子里时，众人惊讶得说不出话，最尴尬的是正在弹琴的象。颇有小偷嫌疑但实际是强盗的象脸色慌张，讪讪地解释说："哥，我正在想念你，很是忧虑。"《史记·五帝本纪》中记载的原话是"我思舜，正郁陶"。

象的这句台词相当拙劣，他说了一句连鬼都不信的话糊弄心知肚明的舜，充分显示出自己就是一个卑鄙无耻、自以为是的家伙。不过，此时的象确实有忧虑的事情，井都填满了，舜是怎么逃出来的呢？现在，煮熟的鸭子又飞了，阴谋家象差点儿转行做了欢乐喜剧人。

先焚廪，后掩井，恶人们挖空心思，非要置舜于死地，这些家伙的心思早已昭然若揭。然而，早已看透了父亲和弟弟险恶用心的舜，对父亲和弟弟的态度更加恭谨。

舜，是一个人，不是一个神仙，也会有七情六欲，也会有爱恨情仇。他看到亲生父亲抽走梯子并放火烧谷仓，知道被地面上的亲生父亲和弟弟合力活埋的时候，那种刻骨铭心的伤痛，那种寒入肌骨的绝望，可能是我们体会不到的。

童年时代的舜是为了生存而委曲求全，成为天子女婿的舜依旧谨言慎行，这是为什么呢？史书上没有记载舜的内心世界。

不过，可以确定的是，舜没有像小时候那样跑到荒野去痛哭，而是在逃生后第一时间回家。家里有深爱着他的妻子，为他准备好热乎乎的食物、干净整洁的房间，等待着他回家……所谓家，不是指多么奢华的房子，而是指在房子里面有疼爱着你的人。这些疼爱你的人所在的地方，才可以称作家。舜感激命运这样的安排，他愿意全力呵护自己这个温暖的小巢，并因此心满意足。

尧看到了舜对瞽叟和弟弟的态度，相信舜是一个真正有德行的人。他在考察了舜的能力以后，终于把帝王的位置禅让给舜。贫贱出身的舜成了新一代的帝王。尧安心地走了，他相信，这个年轻人一定会把国家治理好的。

一国之君可并不轻松。假如我们把一个国家比作一所学校的话，国君就好比学校校长，各诸侯就好比各班班主任，而水利、农业、教育等部门的部长可以视为各科老师。

舜校长上任之际，发现了一个问题，那就是虽然每个班级（区域）有班主任（诸侯），但是，科任老师（水利、农业、教育等部门的部长）还没有招聘上来。舜校长就招聘了几个老师（人才）。

舜举八恺，使主后土，以揆百事，莫不时序。举八元，使布五教于四方，父义，母慈，兄友，弟恭，子孝，内平外成。

——《史记·五帝本纪》

"八恺"和"八元"指的是十六个贤能的家族，舜起用"八恺"，让他们主管大地上的水利、农作诸事，结果他们都管理得井井有条。舜同时任用"八元"，让他们主管国家的教育、教化，结果整个社会变得为父者义、为母者慈、为兄者友、为弟者恭、为子者孝。

　　舜校长还发现学校（国家）里有四个不良少年（四凶），不时作恶，欺辱学生（百姓）。

　　舜宾于四门，乃流四凶族，迁于四裔，以御螭（chī）魅，于是四门辟，言毋凶人也。

——《史记·五帝本纪》

　　舜校长开除了（流放了）行凶作恶的浑沌，妒能嫉贤的穷奇，不知好歹的梼杌（táowù）和贪得无厌的饕餮（tāotiè），让他们去看大门（抵御国门外的妖魔鬼怪）。

　　几十年过去了，整个学校（国家）在舜校长（舜帝）的治理下越来越强盛。舜帝的年纪也越来越大，他打算将帝位传给治水有功的大禹。

　　践帝位三十九年，南巡狩，崩于苍梧之野。葬于江南九疑，是为零陵。

——《史记·五帝本纪》

舜在位三十九年，当年意气风发的年轻人已经两鬓斑白了，常年的劳累和奔波，摧毁了舜的身体，在南巡之际，他死在了苍梧的郊野，埋葬在长江以南的九嶷山。

天下明德皆自虞帝始。

——《史记·五帝本纪》

这句话的意思是说，天下理想的政德就是从舜帝开始的。他曾在残酷命运的捉弄下苦苦求生，逃到荒野痛哭；机缘巧合之下，他从一个耕田的农夫变成了万人敬仰的帝王，缔造了一段为人称颂的历史。可是，终其一生，他最留恋的地方，可能是那个遮风挡雨，有人嘘寒问暖的家。

第十二章

把九个太阳"拉黑"的人

——后羿射日

太阳当空照，花儿对我笑

小鸟说早早早

你为什么背上小书包

——《上学歌》

　　当太阳升起来的时候，我们就要背上书包上学去了。如果太阳升起了而小孩子还没有起床，他就会在妈妈声调丰富的呼唤声和"太阳都晒到屁股上了"的警告声中睁开惺忪的眼睛，看见贮了一屋子的晃眼的阳光：窗帘、写字台、书柜、电脑的边缘都有一圈金灿灿的光。虽然晨风还是凉凉的，可是阳光洒在人的身上，就像是给人披上了一件既暖和又轻盈的外套，人们一点儿也不觉得冷了。

　　每当太阳东升，整个世界便被太阳照耀在一片光明里；等到太阳西落，天地统统都陷入黑暗中。太阳这样东升西落循环不止，令先民们浮想联翩。据《山海经·大荒南经》记载，太阳由羲和驾着一辆由六条龙拉着的车子带来。女神羲和居住在东南海以外的甘渊，是东方天帝帝俊的妻子，为东方天帝帝俊生育了十个太阳儿子，这十个太阳浑身滚烫，散发出红亮的光芒。

　　羲和常常用清凉甘甜的泉水给太阳儿子们洗澡，经过沐浴后的儿子们个个洁净明亮。

　　羲和和自己的十个太阳儿子居住在东方海外，在这沸腾浩瀚的海水之中，生长着一棵很大的神树，这棵神树叫作"扶桑"。

根据《十洲记》的记载，扶桑有几千丈长，一千多围粗，它就是天帝的十个太阳儿子的家。这棵高大的神树生长着无数粗大交错的枝干，十个太阳就栖息在扶桑的枝干上。

《山海经·海外东经》中说，九个太阳住在扶桑下面的枝条上，一个太阳住在扶桑上面的枝条上，宛如一个个圆圆的鸟巢。住在扶桑树最上面的太阳不可以睡懒觉，因为他在第二天要乘坐母亲羲和的太阳车，给人间带去光明和温暖。剩下的九个太阳排着队，等到这一个太阳回来了，才能出去。十个太阳交替出现在天空中。

墨汁似的夜色渐渐褪去，在黎明即将到来之际，站在扶桑树顶的玉鸡，就赶快张开它有力的翅膀，欢欣地喔喔鸣叫，一声高过一声，鸡叫的声音在宁静的清晨传播得很远，一直传到远方的桃都山；听到了玉鸡鸣叫的金鸡，也跟着鸣叫起来，喔喔喔，喔喔喔。金鸡推波助澜地叫着，石鸡也一齐跟着叫，石鸡这一叫，天下的鸡就都一齐叫起来了。

太阳从旸谷出来，在咸池里洗了个澡，清醒一下，便升上扶桑树的树顶，坐上母亲羲和早已准备好的太阳车，在母亲羲和的伴送下出发了，六条龙拉着太阳车飞快地驰行着。

在喔喔的鸡叫声中，海潮澎湃，沸腾如汤，东方天际不断变幻着颜色：葡萄紫色、青绿色、浅蓝色、鱼肚白色、红色、金色……一轮鲜红的太阳在漫天的霞光中缓缓升起来了。

陆地上的群山静默着，在超尘绝俗的宁静中，群山背后澎湃的朝霞已隐隐约约地透露出太阳的光芒，幽暗和凉气渐渐消退，群山像是在水中渐渐浮现的大船，在移动着的晨光中也像是动了一样，高高地耸立在人们的眼前。

那些纵横交错的小路是白色的，土地是褐色的，田地里绸缎般的禾苗是嫩绿色的。高大树木郁郁葱葱，撑开伞状的一丛墨绿的树荫，散发出清新的气息。

一路上，太阳总好奇地看凡间的人们。人们也仰头看太阳，并随着太阳车行驶的轨迹，安排着自己的生活。

太阳车刚出东海的时候，看到大人们在霞光漫天中出门劳作，小孩子们有的蹦蹦跳跳出门玩耍，有的背着书包去上学；太阳车行驶到人们头顶的时候，看到田地里耕作的人，脸上身上都是黄豆大小的汗水，汗水一滴一滴止不住地落在地里；太阳车快要到达西山的时候，人间千万的灶头升起了袅袅炊烟，饭菜的香味在暮霭沉沉的空中飘扬，老人们搬一把板凳，哄着小孙子看火烧云……

母亲羲和一直把儿子送到了悲泉，并在这里停下车来，然后驾着空车回转去。

还剩下的一段短短的路程，就得由太阳自己去行走了。可是，母亲羲和常常舍不得走开，就坐在太阳车上，望着儿子的背影，看着爱儿走向虞渊，进了蒙谷。当一天之中最后的几缕阳光依次轻轻抚摸蒙谷水滨的桑树和榆树时，她才放心，调转车头，驾着空车往回赶。太阳坐车飞行了一天，累得筋疲力尽，洗完澡，再惬意地伸个懒腰，回到扶桑树枝上，沉沉入睡。在那傍晚凉爽的风中，羲和穿过闪耀的繁星和缥缈的轻云，一路驶去，回到东方的旸谷。在那里，第二天要去值班的儿子已经准备好了，她要伴送第二个儿子出发，新行程又将要开始了。这样的行程日复一日地进行着。

日子波澜不惊，一切都按部就班地进行着。十个太阳各司其职，交替出现在空中，凡间的人们得以平安度日。可是，到了尧的时代，十个太阳却一同出现在天空中。

十个炎炎烈日一起出现，十个大火球烘烤着大地，天地之间成了一个大烤箱。天上的太阳刺眼，大地也是炙热难耐，像是着了火一样。人们的脸被晒得发烫，一个劲儿地流汗；干燥的大地久不逢雨，渐渐出现了触目惊心的大裂缝。

《淮南子·本经训》记载："逮至尧之时，十日并出，焦禾稼，杀草木，而民无所食。"阳光下的一切都热得烫手，白花花毒辣辣的太阳把禾苗烤得焦热，草木都被炙得枯死了。这下可坏了！辛勤耕作的农民颗粒无收，欲哭无泪；粮仓渐渐空下去，人们没有能吃的东西，只好背井离乡，寻找食物。可是，哪里有吃的呢？十个太阳把田里的庄稼都晒得枯萎了，大家饿得奄奄一息，哭声直上云霄。

人间的惨状传到了神国。天帝帝俊觉得自己的孩子们实在该管教管教了，不能容忍他们继续胡闹下去了。帝俊想到了一个天神，就是擅长射箭的羿。他派羿到凡间去，拯救被十个太阳折磨的人们。

《山海经·海内经》中记载，天帝帝俊赐给羿一张红色的弓，一口袋白色的箭。这把红色的弓力量极大，白色的箭锋利无比。羿把红色的弓背在肩膀上，把盛着白色箭的箭筒挂在身上，来到了凡间。

刚一到凡间，羿就被眼前的地狱般的景象震惊了：在十个太阳的烤炙下，地面上没有一丝的阴凉；因为长期忍饥挨饿，再加上太阳的炙烤，人们都骨瘦如柴，面目黧（lí）黑；很多人瘫倒在路上紧闭双目，不省人事，还清醒的人也气若游丝，性命危在旦夕。十个顽皮的红火球似乎并不知道羿的厉害，个个有恃无恐，依旧高高悬挂在天际。

爱护百姓的尧帝请求羿把太阳射下来，于是，羿先从肩上取下那张红色的长弓，再从箭筒里取出一支白色的箭，把白箭搭上弓，拉了一个满弓，把箭头对准天上一个太阳的方向。他没有立刻射出白箭，而是把箭头慢慢举高，逼近太阳的位置。羿的身子像是一尊雕像，他的眼睛闪闪发光，浑身上下，只有胡须和头发微微飘动。羿深吸一口气，将气屏住，他的心脏扑通扑通地跳着，周围的人好像距离他很远很远，他的目光向上延伸，一直看到那些棉花似的白云和碧海一般的蓝天之上。

羿慢慢地均匀地呼气，松手的刹那，白箭和气息先后释放，白箭丝毫不歪，"嗖"的一声，飞向天空，人们纷纷抬头仰望，只见白箭的箭尾只有小拇指那么大了，再过一会儿，只有黄豆那么大了，大家屏住呼吸，再定睛看时，那箭尾只有黑芝麻那么大了。最后，那箭终于消失在碧蓝的天际中。

隔了一会儿，突然，人群骚动起来，原来天空中有一团红火球无声无息地爆裂了，像吹破了的泡泡糖那样渐渐委顿，一个红色的东西直直坠落下来。下面的人们四散奔逃，那东西就坠落到了地面上。

等众人好奇地跑回来看，看见地面上有一些零落四散的金色的羽毛。原来是一只中箭的金黄色的三足乌鸦。

这只金黄色的三足乌鸦就是太阳的化身。人们赶紧抬头看天，天上的太阳已经只有九个了，九个太阳瑟缩逃遁，惊慌不已，只能在空中来回逃窜，这时候，人群中爆发出响雷般的喝彩声。

羿连忙从箭筒中又抽出一支白箭，把箭搭在红色长弓上，臂膊用力拉满弓，箭尖瞄准一个仓皇不安的太阳。后羿松开弓弦，那箭像长了眼睛似的，恰好射中那惊慌失措的太阳，又一只金黄色的三足乌鸦哀叫着自空中陨落，周围流火飞溅。

天空中只剩下八个太阳了，太阳们此刻才知道羿的厉害，看见羿又拿出一支白箭，顾不上哀伤，都慌了神，想要逃走保命。

羿像是看透了他们的心思一样，把白箭对准天空中慌不择路的太阳们射去。羿拈弓搭箭，"嗖嗖嗖"连发数箭，红色火球一个接一个无声地爆裂开，像很多很多烟花在空中绽放。三足金色乌鸦的惨叫声犹在耳畔，空中弥漫着数不清的金色羽毛。

最后，空中只剩下最后一个太阳了，它眼睁睁看着自己的兄弟们命丧箭下，又看见羿拿出白箭，对准自己，吓得脸色发白，浑身发抖。

他哀求羿放过自己，羿在尧的请求下，放过了最后一个太阳。一阵凉风袭来，清凉舒畅，人们感觉自己非常舒服，气候恢复了正常，万物重新回归正轨。人们载歌载舞，庆祝这件大喜事，把羿当作大英雄来敬仰。

并不是所有人都感激羿，天帝帝俊因为自己的九个儿子被羿射杀，内心十分悲痛。他只是要羿去教训自己的孩子们，而不是要孩子们的命。他既是威严公正的天帝，也是一个一天之中痛失九个爱子的父亲。

被天帝帝俊疏远的羿无法回到神国，神国不再需要他，至少，他还有一个家。可是，到了后来，就连他最信任的妻子嫦娥，也在他脆弱的时刻，舍他而去，飘摇奔月。

在这些打击下，羿终日生活在痛苦和忧郁之中。羿这位声名显赫的英雄，虽然能拯救那些被十个太阳所苦的人们，却不能拯救自己。

羿心情不好的时候，就率领家丁，赶着大车，到原野去游目骋怀，让田野浩渺的风吹散烦恼。他有时候也会到山林中打猎，在他拈弓搭箭的一刹那，人们依稀能看到他当初射日的风采。

第十三章

世上有不死之药吗

——嫦娥奔月

世间有一个奇妙的东西——生命。我们的生命是亲人给予的，从呱呱坠地的一刹那，我们就被照料着，被赋予希望。虽然一个婴儿除了哭泣，什么也不会。但是，守护在手术室外的亲人们还是会为婴儿的第一声哭泣而喜悦，甚至高兴地哭出来，我们称之为"喜极而泣"。

生命宝贵又脆弱，还很短暂。小孩子想着要快点儿长大，大人们希望能够一直年轻力壮，老人们想要从容地享受晚年生活。但其实许多人在不知不觉中就走过了自己的人生。因为，有一个看不见摸不着的东西在无情地流逝着，它的名字就叫作时间。

地铁上、公交车上那些白发苍苍的老者，也曾经是被父母抱在怀里的婴儿；而现在躺在襁褓中的婴孩，有朝一日，也会满面皱纹，老眼昏花。衰老和死亡是生命旅程必有的环节，但是人们还是希望能够永葆青春，长生不死，这样就能拥有无尽的时间了。

世上真的有不死之药该多好！同学们，你们也希望世界上有那种能让人长生不老的药吗？如果真有这种药，会发生些什么？我们来看下面的故事吧。

故事的主人公嫦娥，是大名鼎鼎的英雄羿的妻子。她不仅拥有备受世人尊崇的地位，而且还拥有令人羡慕的美貌，她的一颦一笑足以令众人为她倾倒。

她最喜欢听别人称赞自己的美貌。可是，在嫦娥光鲜的外表下，她却有一个难言的心病：没有人能挽留时间，不管是富甲一方的富翁，还是权势熏天的权贵。岁月无情，年华易逝，她总会有红颜老去的一天，不管她地位多么显赫，容颜多么动人，她终究也会和芸芸众生一样，免不了衰老和死亡，不免归于尘土。

要是永远都不会变老就好了！嫦娥心里想。她有点儿怨恨自己的丈夫羿，如果他没有射杀九个太阳，也许她这时候早已经回到天国，享受长生不老、青春永驻的神仙生活了。嫦娥把年轻美貌看得比羿更重要。人人都喜欢美貌，然而，美貌毕竟是外在的东西。没有人能够永远年轻美貌。美好的心灵，才是更为宝贵的东西。

没想到，世上还真的有一种不死之药，能够让嫦娥如愿以偿。这种神奇的药究竟在什么地方呢？传说居住在昆仑山上的西王母，就藏有这奇妙的不死之药。

据说，这奇妙的不死之药来自昆仑山上的不死树。在昆仑山上的守卫开明兽的北面，就有那棵神奇的不死树。不死树上结有一种奇特的果子，吃了这奇特果子的人，便不必担心衰老，也不用担心死亡。因此，服用了不死之药的人，可以获得永生。

可惜的是，这种不死之树往往经历沧海桑田的数千年以后，才能发芽、开花、结果。所以，这种不死之树结的果子并不多。西王母所居住的昆仑山路途险阻，虽然众人都希望自己能够永生不死，但是，却没有人得到过西王母的长生不死药。

这倒不是因为大家懒惰，而是因为大家根本不知道在哪里能够寻找到西王母。

西王母这个名字，很容易令人误以为是一位年老慈祥的女性。实际上，西王母却是一个长着豹子尾巴、老虎牙齿，披着乱蓬蓬的头发，掌管瘟疫刑罚的怪神。西王母的性别是男是女，还无从断定。

传说中，西王母的住处有几个。有的人说，西王母住在昆仑山顶的瑶池近旁（《穆天子传》卷三）；有的人说，西王母跑到昆仑山西边，那个盛产美玉的玉山上居住（《山海经·西次三经》）；还有人说，西王母还曾在太阳落下的崦嵫山上留下过足迹（《穆天子传》卷三）。

昆仑山的西南角，是弱水和青水的源头，这两条河从西南角出来后，折向东边，再朝北流，又折向西南方。

昆仑山的弱水，简直是旅行者们的噩梦。根据《古小说钩沉》的记载，"天下之弱者，有昆仑之弱水焉，鸿毛不能起也"，这弱水不仅承载不了船舶和乘客，就是一片羽毛掉在上面，都会沉落水下。

除了恐怖的弱水以外，昆仑山的外面，还环绕着同样恐怖的"投物辄然"的炎火山，炎火山上的大火昼夜不息。不管往山上投掷什么东西，只要一碰着炎火山，就会迅速燃烧，瞬间灰飞烟灭。

为了让嫦娥开心，羿愿意付出任何代价。羿看着妻子愁眉不展的样子，努力逗妻子绽开她久违的笑容。嫦娥却终日郁郁寡欢，沉浸在自己的世界里，觉得自己是世界上最不幸的那一个人。

她不知道，她的丈夫羿看到她无精打采的模样，心里十分难过。

羿凭借着惊人的毅力和神力，终于如愿攀登到了昆仑山山顶。他看见了山顶上有像大树那么高大的稻谷，有用玉石围成的九眼井，还有由开明神兽守卫的九重门。天神们就在昆仑山的八方岩石之间聚集。

无巧不成书，登上昆仑山顶的羿正好遇见西王母，原来，西王母恰好就住在瑶池旁边的岩洞里。

羿向西王母说明自己的身世，又讲到了自己射杀了九个太阳之后，却再也不能回到天国的无奈。

羿最后讲明了来意，西王母很同情他，就把昆仑山上珍贵的不死药郑重地交给了羿。西王母谆谆嘱咐羿说："这个不死之药，正好可以让你们夫妇两人永生不死。要是一个人把这些药都吃了，还能够白日飞升，羽化成仙。"

羿看到西王母把所有的不死药都给了自己，十分开心，他把不死药揣在怀中，拜谢了西王母以后，就高高兴兴地带着这不死药回到家中。

羿非常信任自己的妻子嫦娥，就掏出不死药，让嫦娥保管。他舍不得吃这来之不易的不死药，就和嫦娥商量着，选择一个有意义的节日，他和妻子嫦娥一同吃。

"西王母说这个不死之药，可以让我们夫妇两人永生！可惜只有这么一点儿了，我们挑选一个好日子一起吃。西王母还说，要是一个人把这些药都吃了，还能够白日飞升，羽化成仙。"

说者无心，听者有意，嫦娥的心动了一下。是啊，这灵药居然如此神奇，除了令人长生不老以外，还可以让人升天成仙，要是我吃掉这个药丸，不就可以白日飞升，位列仙籍了吗？

嫦娥在心里打起了小算盘，脸上却不动声色。

这一天，羿出去了，趁着羿不在家，嫦娥赶紧把灵药拿出来，吞掉了所有的药。

神奇的一幕出现了，吃完灵药的嫦娥感觉自己的身体发生了奇特的变化。她低头一看，自己的鞋子居然飞了起来。不，不是鞋子飞了起来，而是自己飞了起来！她惊异地看着自己的身体一点儿一点儿升起来。一缕夜风袭来，带来丝丝清凉。

嫦娥看到窗户开着，顾不得多想，就飘出了窗口。飘出了窗口的嫦娥看到夜幕下深邃的蓝天，蓝天下面是灰白的郊野和数不清的阡陌。

这一切都越变越小，她看到天上有一轮圆圆的皓月，明月吐出乳白色的光辉。嫦娥飘飘摇摇地越飞越高，越过屋顶，越过原野上最高的树，越过棉絮一般的云朵，穿过星光灿烂的天际，披着满身的清辉，直奔月宫。

明月圆圆的、亮亮的，嫦娥窈窕美丽的倩影也在其中，只是用肉眼看不真切。被风撕扯着的窗帘在窗框上飞舞，也要翩然飞起一样。

广寒宫，是月中宫殿的名称，就是嫦娥来到的地方。嫦娥好像一个第一次进学校宿舍的插班生，好奇又紧张地看着月宫的一切，月宫里有什么呢？

幽静清冷的月宫里，虽有琼楼玉宇，却高处不胜寒，有一株美丽的桂树。在明月的清辉下，桂树叶子透亮、光洁，说不出的好看，桂树还把自己细细碎碎的影子铺下来，明暗相间，像一床美丽的被面。

远处传来捣药的声音，嫦娥循声走去，那捣药的声音越来越大。原来是一只对着药钵捣药的玉兔，玉兔已经孤独地在月宫中捣了很长时间的药了。

许多年以后，月宫中又来了一位叫吴刚的，吴刚被罚到月宫里来砍桂树。他力气很大，拿着斧头砍向桂树，桂树马上裂开一道裂痕，还没等吴刚再砍下去，桂树的创口便自己愈合，吴刚只好再继续砍树，可是，他永远也砍不倒这棵月中神树。

以前，嫦娥一直以为自己的生活很无聊。现在，她才知道，自己在凡间的生活，才是值得珍惜的好时光。在她不开心的时候，有羿的疼爱呵护；在她生病的时候，有羿的精心照料。

孤寂伤感的嫦娥从此永远住在月宫里，永久地忍受着无穷无尽的寂寞。她从空中看着万家灯火，却再也下不来了。唐朝诗人李商隐还专门写了一首诗，来感怀嫦娥的心情。

嫦　娥

云母屏风烛影深，长河渐落晓星沉。
嫦娥应悔偷灵药，碧海青天夜夜心。

嫦娥奔月的那个不辞而别的深夜，羿从郊野狩猎回来，惊讶地发现只有空空的房间和同样空空的盛放不死药的葫芦。羿背着弓箭，呆呆立在屋子中央，大脑一片空白，隔了许久，才原地转了一个圈，像是寻找什么。眼前依稀是嫦娥的音容笑貌，嫦娥的影子越来越小，越来越远，他终于缓过神来。

他不明白，为什么自己深爱的妻子会突然一声不响地离开了，他到底哪里做得不对。他的心里五味杂陈，有被背叛的愤怒，有被遗弃的失望，还有永别的悲哀和不知所措的迷惘。

夜风吹来，他咬紧了嘴唇，拳头攥得紧紧的。他渐渐理清思绪，料想妻子嫦娥已经如愿成仙，永生不死，而自己却要在凡间，一年一年地老下去。

嫦娥是别人眼中的幸运儿，她太在意美貌，太在意别人对自己的看法。可是，她却从来没有真正倾听过自己内心的真实声音。到底什么是应该珍视的呢？羿曾经给予她温暖和鼓励，可是，她却无情地抛弃了他。

她没有好好珍惜那些值得她关心的人，费尽心思，获得美貌和永生的同时，也付出背叛亲人的代价，失去了很多珍贵的东西。如果当初，她能够和羿一起服用不死药，两个人相互陪伴、相互扶持，这广寒宫，也不至于那样冷清了。

嫦娥把玉兔抱在怀中，紧紧抱着它。一切都是冷的，只有身边的玉兔，带着些温暖。嫦娥想到了那个对她好的羿。她和羿之间不是生与死的距离，却是他就站在自己面前，明明知道他爱着自己，却不知道自己离不开他。两人的命运轨迹偶然交叉，却又在毫无征兆的瞬间分向不同的方向。

第十四章

为何三过家门而不入

——大禹治水

我国幅员辽阔，以秦岭—淮河为分界线，分为北方和南方。北方比较干旱，而南方多雨。每年的夏天，尤其是七八月份，南方各地阴雨连绵，旬月不绝。积蓄在河流湖泊里的水不停地往上涨，往上涨，人们的恐惧也随之越来越大。警戒线上的水位，是悬挂在人们头上的达摩克利斯之剑。

新闻报道中经常会见到被雨水淹没的地铁站、浸泡水中无法动弹的汽车、只剩下屋顶露在水面上的房子和在雨中紧紧抱住大树等待救援的人，还有穿着橙色救生衣的解放军驾着冲锋舟，在广阔的水面上迎风破浪，寻找需要救援的灾民。在科技如此发达的当代，人们面对大自然时依旧显得如此渺小，更别说在科技水平相对落后的原始社会了。

据说，尧帝成为天下的君王后，自己居住在简陋的房子里，却努力让人们过得富足。他在处理政务时，尽职尽责，事必躬亲。很快，国家被尧治理得井井有条，人们也十分爱戴这个仁德的君王。

然而，天有不测风云，不知道从什么时候开始，天上哗啦啦地下起大雨来，这雨一直不停地下着，倾盆大雨绵绵不绝，汩汩流入低处的河里，河水就越积越多，终于漫过河岸，涌上来，演变成了一场无法遏止的大洪水。

《孟子·滕文公上》记载："当尧之时，洪水横流，泛滥于天下，草木畅茂，禽兽繁殖，五谷不登，禽兽逼人。兽蹄鸟迹之道交于中国。"人间洪水泛滥，浊浪滔天。因为雨水丰沛，所以草木丛生，满目荒芜。田地被淹没，导致田地里的庄稼没有收成。中原各地，兽蹄鸟迹出现在洪水暂时退去的湿泥中。

土地被洪水淹没，成为一片滔滔的汪洋，人们的房屋被无情的洪水淹没了，又被蛇龙侵占。人们流离失所，没有安身之处。处在低地的人在树上搭巢，像鸟雀一样在树上安家，看着滚滚的洪水战战兢兢；身居高地的人垒土挖洞，藏身在黑暗潮湿的洞穴中，惶恐如惊弓之鸟。

仁爱的君主尧帝眼睁睁看着自己的家园被大水淹没，心中焦急，苦于没有对策而忧愁不已。尧帝召集了四岳（一个官名）和在朝的诸侯来，讨论应对洪水的方案。

尧帝询问四岳和众诸侯，如今洪水肆虐，包山漫陵，老百姓忧愁叹息，有谁能去治理洪水。四岳和在朝的诸侯都举荐鲧。

尧帝听后，惊疑说："鲧怕是不成吧！因为据我所知，这个人性格乖戾，固执己见。治理水患的任务艰巨无比，像鲧这样性格倔强的人真的能够治理好吗？"

四岳摊开手，为难地说："除他之外，也找不出第二个合适的人选了，不如让他试试看吧。"

尧帝是一个谨慎的君王，虽然不愿意冒险，但是如今形势紧急，别无他法，便说："好，那就派他去试试。"

尧帝下旨，任命鲧去治理洪水。鲧是黄帝的后代。根据《山海经·海内经》的记载："黄帝生骆明，骆明生白马，白马是为鲧。"

鲧看着滔天的洪水和流离失所的人们犯了愁。他想到了那种叫作"息壤"的神奇土壤，"息壤"的神奇之处在于它能够不断地自我生长，永不耗减，只要一小块，转眼间就能积土成山，堆土成堤。山能挡住汹涌无情的滔滔洪水，堤坝拦住河道中不断攀升的水流，有了山和堤坝，就能保护岸上的居所，保护岸上的灾民了。

如果能够得到这不断自我生长的息壤，用息壤来堵住洪水，那么，问题不就解决了吗？可是，息壤是天帝的宝物，天帝不可能把息壤拿出来的。铁石心肠的天帝似乎并不在乎人间那些受苦的臣民，他只在乎他自己的宝物是否完好无损。

一边是人间的疾苦，一边是天帝的威严，鲧思来想去，左右为难。鲧不敢触犯固执傲慢的天帝，可鲧却能够设身处地地感受到民众的悲惨绝望，他不能坐视不理。鲧和天帝不同，在鲧看来，比息壤更重要的，是人的生命。鲧偷来了息壤，想用这奇妙的息壤堵住洪水。

只见那小小的息壤，像是蒸笼里的馒头一样，瞬间蓬松变大。放在河道旁边的息壤，变成了高大坚固的堤坝；放在岸上的息壤，越来越大，竟然长成了一座座巍峨的山峰。息壤积土成堤，浑浊汹涌的洪水被挡住了，枯瘦的人们从树上走下来，从洞穴里走出来，看着渐渐退去的洪水，众人欢呼雀跃，奔走相告。就在洪水将要平息的时候，息壤被偷的事情却被天帝发现了。

《山海经·海内经》中记载，天帝得知息壤被窃之事，恼羞成怒，即刻派出天神祝融来杀鲧，祝融就在羽山郊野杀死了心系天下的鲧，拿走了剩下的息壤。

鲧知道，没有了息壤，洪水将会再次蔓延开来，人们将重新回到树上或者洞穴里，望着滔滔不绝的洪水，无计可施。

鲧在偷取息壤的时候，已经抱了必死的决心。只是，他的事业还没有完成。他死了，洪水还会来，谁来拯救天下苍生呢？

《山海经·海内经》中有"鲧复（腹）生禹"的记载。据说，鲧的尸体过了三年都没有腐烂。有一天，鲧的身子忽然裂开了，一个可爱的小孩子从鲧的肚皮里探出头来。他便是鲧的儿子大禹。原来，鲧的精魂因为事业未竟而不死，孕育了肚子里的新生命——他的儿子大禹，大禹承继了他拯救万民的遗志。

等到舜做了国君，就任命鲧的儿子大禹去治理洪水，禹用疏导的方法治理洪水。天帝也有些后悔了，他看到人间的悲惨境地，命令大禹治理水患。大禹接受了天帝的任命，带着天帝给自己的息壤，前去治理洪水。

大禹面前是潮天湿地，是连绵的阴雨和滔滔不绝的洪水。没有人告诉他怎样做才能消除水患，而这项艰巨的任务，只许成功，不可失败。乌云黑压压的，压得人喘不过气来。

为了彻底杜绝水患，大禹在茅山（后称为"会稽山"）召集众神，商讨治水计策。可是，没想到一开始，大禹就遇到了一个小插曲：人不齐！大禹发现只少了一个防风氏。过了一会儿，身高三丈多，长着龙头牛耳的防风氏才到来。大禹为了严明纪律，就下令处死防风氏。其他众神眼看着防风氏被杀，个个心生畏惧，再也不敢违背大禹的命令了。

《拾遗记》卷二记载："禹尽力沟洫（xù），导川夷岳，黄龙曳尾于前，玄龟负青泥于后。"沟洫指的是田间水道，大禹竭尽全力挖掘水道沟渠，夷平高山，疏导洪水。黄龙拖着尾巴作先锋，乌龟驮着青泥（袁珂先生认为青泥指的便是息壤）紧随其后。这样，洪水就随着大禹开凿的道路流入汪洋大海了。

浪花拍岸，洪水气势如虹，一路上摧枯拉朽地奔腾而来，哗——哗——大禹把洪水都引到了龙门山（今山西省和陕西省交界）。浩浩荡荡的洪水流到这里，被山脉挡住了去路，只好往回流。

大禹将龙门山一劈为二。终于找到了缺口的河水从龙门山两边的峭壁间一下子冲了出去，万马奔腾一般，奔流直下，顺流而东。据说，江海的大鱼到一定时间便要集合在这山崖下面，跳过去的鱼儿能成龙升天。

在治水的过程中，大禹受到了神仙的帮助。《尸子》（辑本）卷下记载，大禹在观察河岸的时候，遇到了一位神仙，这个神仙送给大禹一幅河图（治水的地图），上面清楚地画出了天下所有的大江大河。

《拾遗记》卷二记载："至一空岩，幽暗不可复行，禹乃负火而进。有兽状如豕，衔夜明之珠，其光如烛；又有青犬，行吠于前。禹计可十里，迷于昼夜。既觉渐明，见向来豕犬，变为人形，皆着玄衣。又见一神，蛇身人面，禹因与语，神乃探玉简授禹，长一尺二寸，使度量天地。"蛇身人面的神就是伏羲，伏羲赠予了大禹玉简（一种可以度量大地的玉器，玉简的功用类似我们所用的尺子）。

河水又流过了几百里，到了形势险要的三门峡。这是河水经过的最后一段峡谷了，只要出了三门峡，河水就能奔流倾泻，汇入大海。可是，这里的山挡住了河道，汹涌的浊流被山迎面拦挡，立时浪花翻涌，水声震天。急流回旋，蓄势后以千钧之力抽打在山石上，又硬生生地被挡回来，声音如同巨人的怒吼。

《水经注·河水》中说："砥柱，山名也，昔禹治洪水，破山以通河，三穿既决，水流疏分，指状表目，亦谓之'三门'矣。"大禹把挡住河道的山劈开，这样，峡谷两岸高山对峙，河流顺着山的裂口处分为三股急流。这三条河道好像是三道大门，所以人们又称它们为"人门""鬼门""神门"。

涂山有一个名唤女娇的姑娘，女娇相貌秀雅，仪态端庄大方。大禹和女娇很快相爱并结婚。大禹和女娇新婚才四天，大禹就离开了他的新婚妻子，又马不停蹄地到别的地方去治理洪水。女娇就搬到大禹的都城安邑（今山西解县东北）生活。可怜的女娇离开了自己的亲人，丈夫又不在身边，也不熟悉安邑的风俗习惯，觉得十分孤寂。大禹知道了新婚妻子的孤苦，灵机一动，叫人在安邑城南为女娇筑了一座望乡台，这样，女娇在寂寞难过之时，就能登高望乡，缓解苦痛了。后来，女娇一定要追随夫君大禹一起治水，大禹虽不愿意妻子受苦，可是看到妻子坚决的态度，还是同意了。

这一天，大禹来到了轩辕山（今河南偃师县东南），这座山山势险峻，岩石坚硬。大禹想要打通这座山，让水流经过。大禹对他的妻子女娇说："我要是想吃饭呢，就敲鼓，听见鼓声你就给我送饭来吧。"女娇说："好。"大禹等女娇走后，就变成一头大黑熊，凿山开路。轩辕山上尘飞土扬，有的石头被大禹震下来，砸在鼓上。听到鼓声的女娇提着食篮去送饭，她看见山上化作大黑熊的丈夫，吓得大叫一声，撒腿就跑，食篮从手上掉落下来。大禹看见了妻子惊惶的模样，赶紧追赶，两个人你追我赶，一直就跑到嵩高山（即嵩山，今河南登封市北）的山脚下。

大禹的妻子女娇十分恐惧，这时候就摇身一变，化作了一块大石头。不管大禹怎样解释，妻子化作的大石头都不理不睬。大禹急得不知如何是好。他想起妻子已经有孕，便向石头大叫道："把我的儿子给我！"女娇化作的石头突然裂开，从石头缝里生出来一个男孩子，这个男孩子便是大禹的儿子——启。

《史记·夏本纪》中说，大禹"劳身焦思，居外十三年，过家门不敢入"。十三年，大禹苦苦思索、践行治水的方法。在治水的过程中，他居然一次也没回过家，因为他害怕家人的挽留和温情会动摇治理水患的决心。据说，大禹曾经有三次路过自己家门口，犹豫之后还是狠下心来，没有进家门。最终，大禹完成了父亲的遗愿，彻底平息了水患。

《山海经·海内经》中评价说："帝乃命禹卒布土以定九州。"大禹铺填土壤制住了洪水，从而划定了九州这片区域。而大禹身上的不畏艰险、艰苦奋斗、公而忘私的精神也成为中华民族的精神。舜把帝位禅让给禹，禹成为夏朝的开国君主。

第十五章

坑爹亡国的帝王

——夏桀的故事

同学们，如果让你们在了解了所有帝王们的事迹以后，给每一位帝王写一个评语，类似班主任老师在期末考试后写给学生的评语，一定是一件很有意思的事情。虽然各人的评价标准不同，但是，心狠手辣的夏桀（jié）和商纣很有可能会是历代帝王中评价最低的。

　　孔甲（启的后代）崩，子帝皋立。帝皋崩，子帝发立。帝发崩，子帝履癸立，是为桀。

——《史记·夏本纪》

　　夏桀是启的后代，他的力气很大。《淮南子·主术训》中说：“桀之力，制觡（gé）伸钩，索铁歙（xī）金。椎（chuí）移大牺，水杀鼋鼍（yuántuó），陆捕熊罴（pí）。”夏桀能够把坚硬的鹿角一手折断，能把弯曲的铁钩轻松扳直，能够绞铁成索，有胆量去水里面杀鳖鳄，敢在陆地上和熊罴搏斗。

　　夏桀真是名副其实的大力士！可惜，他好像并没有用天生神力做什么利人的事情。

　　《新书·大政上》记载了“桀自谓天子”，夏桀喜欢听别人的阿谀奉承，觉得还是不过瘾，竟然大言不惭地把自己称为天帝的孩子。夏桀自恋自大到了极点。若是他能够化出一个分身，那个分身也一定拍拍夏桀的肩膀，由衷地赞美："夏桀啊夏桀，你真是天底下最尊贵的人儿了！"夏桀先生啊，自信是好事，可是过度的自信就是一种自我欺骗了，因为那是不符合现实的。

夏桀觉得自己实在是太尊贵了，而自己居住的大宫殿又是那样寒酸，应该建立一座高大华美的宫殿，让自己可以随时去那里享乐。至于盖宫殿的费用，夏桀想了想，决定从人民那里搜刮来。《新序·刺奢》痛心疾首地记载"桀作瑶台，疲民力，殚民财"。夏桀就吩咐臣民们出力出钱，为自己修建宫殿。这个极其奢华的宫殿叫作瑶台。

《列女传·夏桀妹喜》中说："桀既弃礼义，淫于妇人，求美女，积之于后宫，收倡优、侏儒、狎徒，能为奇伟戏者，聚之于旁。造烂漫之乐，日夜与妹喜及宫女饮酒。"夏桀看着辉煌富丽的瑶台，觉得还缺点儿什么，就命令遴选出民间的美人，汇聚于瑶台之中；他又召集演戏的、侏儒、游手好闲的等能表演的人到身边来。

夏桀还命令人创作了许多萎靡的歌曲。他每天花在处理政务上的时间很少，大部分时间都跑到瑶台，和后宫的美人们喝酒作乐，或者让那些演戏的、耍把戏的和狎客们使出浑身解数，逗自己笑。

"为酒池，一鼓而牛饮者三千人，醉而溺死者，妹喜笑之以为乐。"夏桀还在瑶台挖了一个极大极深的池子，池里装满了酒。他让属下擂鼓，鼓声一响，马上就有三千人趴在酒池旁边，伸着脖子，像牛喝水一样，伏在岸上喝酒池里面的酒。鼓声响了又停，停了又响。终于有的人不胜酒力，头重脚轻，身不由己地一头栽在酒池里，扑通几下，在众目睽睽之下淹死了。夏桀身边正在喝酒的宠妃妹喜，看见这样的惨状，竟然哈哈大笑，完全不顾惜怜悯人的性命。

一个叫作关龙逄的贤臣向夏桀进谏。进谏，指的是臣子规劝君王，让君王改正错误。关龙逄向夏桀进谏说："古代的君王，讲究仁义，爱民节财，因此，国家才能长治久安。如今，陛下您如此挥霍财物，杀人无度，您若不改变，上天会降下灾祸，那时定会有不好的结果。"他恳请夏桀改变这种情况，说毕，立于朝廷不肯离去。可是，夏桀根本听不进去，反而觉得关龙逄讨厌，命人把他关起来杀了。关龙逄因进谏被杀，在夏王朝内外引起很大不满，很多人都不敢直言进谏，只想远远离去。

夏桀的另一个贤臣伊尹，其实是夏桀的御膳官。当夏桀让大家在瑶台里纵情狂欢的时候，伊尹皱着眉头，鼓足勇气，站起来举起酒杯，借着喝酒的机会，也冒死进谏。

伊尹知天命之至，举觞而告桀曰："君王不听臣之言，亡无日矣。"桀拍然而作，哑然而笑曰："子何妖

回到远古和神仙们聊天

言！吾有天下，如天之有日也。日有亡乎？日亡，吾亦亡。"

——《新序·刺奢》

伊尹诚恳地说："君王不听取臣子的话，国家很快就要灭亡了。"没想到，夏桀一听这话，先是怒气冲冲，用铁扇一般的手掌把桌子拍打得震天响，想要把眼前这个破坏自己心情的家伙赶走，可是看到伊尹那真诚的目光和卑微的姿态，他啐了一口，笑着说："你在胡说八道什么呢？我有天下，就好像天上有太阳，谁见过太阳灭亡？当然不会。如果太阳有灭亡的那一天，那时候我才会灭亡了。"

夏桀以天上的太阳自居，认为自己恩泽天下，他不知道的是，面对他施行的种种暴政，受他荼毒而生活在水深火热之中的老百姓将他恨到了极点。

时日曷（hé）丧，予及汝偕亡。

——《书·汤誓》

人民怨声载道，手指太阳，怨恨地诅咒道："你这可恶的太阳，为什么不早死？我们甘愿和你一同灭亡！"

可是，自我感觉良好的夏桀丝毫不知情，依旧日日花天酒地，夜夜歌舞笙箫，饮酒作乐，消磨时光。他有的时候去瑶台寻欢作乐，有的时候去其他的行宫别苑，甚至许久都不上朝听政。

夏桀有一座行宫叫作长夜宫，长夜宫建在一个神秘幽深的深谷之中，在黑暗的深谷中，长夜宫的宫灯显得格外灿烂美丽。可是，里面的人可不那么美丽。夏桀和一群男男女女在一起嬉戏取乐，通宵达旦，不理会朝政。有的时候，夏桀接连好几个月，都不出来临朝听政。

在夏桀过着荒淫奢华生活的时候，他的臣民却过着食不果腹、衣不蔽体的生活。为了保证自己的安逸奢华，他甚至不顾臣民的死活。大臣们有的不满，有的焦急，大多数都敢怒不敢言。夏桀却变本加厉地任意妄为起来。

《帝王世纪集校》第三卷中记载，夏桀的宠妃妹喜有一个怪癖，她特别喜欢听绢子撕裂的"吱啦"声。为博美人一笑的夏桀，根本不去想这绢子需要耗费多少人力物力，需要损耗多少民脂民膏。夏桀大手一挥，叫人把库存的绢子——珍贵精美的艺术品统统拿过来，让奴仆们一匹一匹地撕给宠妃妹喜听。可怜这些来之不易的绢子，就这样被糟蹋了。

除了这个性情乖戾的妹喜，夏桀宫中还有一个令宫女闻之色变的妃子——蛟妾。专门记录奇异故事的《述异记》记载："夏桀宫中有女子化为龙，不可近，俄而复为妇人，甚丽，而食人，桀命为蛟妾，告桀吉凶。"

夏桀的后宫突然出了一件怪事，原来，有一个女子变成一条龙，这条龙看起来非常凶猛，人们都不敢靠近。可是不一会儿，这条龙又变成一个非常漂亮的妇人。大家非常害怕，因为这个能够变化的女子是吃人的。

可是，天生神力的夏桀却不介意，他叫这个女子为蛟妾，相信这个女子能够告诉他吉凶祸福。

在大臣们集体缄默的时候，夏桀的一个贤臣——伊尹感到茫然。他目睹了夏桀建立的拔地而起的瑶台，他目睹了那些被迫充实后宫而掩面呜咽的民女，他听闻了夏桀为妹喜撕掉库存绢子的荒诞事，他也听闻了蛟妾食人这耸人听闻的事。伊尹明白，跟着这个胡作非为的夏桀不会有什么好的前程，他闷闷不乐地走回住所。

夏桀觉得喝酒作乐没有趣味，他做的事越来越出格。《帝王世纪集校》第三卷记载："（桀）以虎入市，而视其惊。"这一次，夏桀异想天开，看到宫苑里饲养的老虎，又想到了集市上来往的人，他居然把老虎放到热闹的集市中。凶猛的老虎吼声连连，正在市场交易的人们转身一看，吓了一身冷汗。大人、孩子和老人都发足狂奔，店家来不及收拾货品，撒腿就跑，市场上一片混乱。夏桀优哉游哉地看着人们逃命的样子，竟然以此为乐。

夏桀之时，费昌之河上，见二日，在东者烂烂将起，

在西者沉沉将灭，若疾雷之声。昌问于冯夷曰："何者为
殷？何者为夏？"冯夷（水神）曰："西夏东殷。"于是
费昌徙族归殷。

——《博物志》

夏桀有一个叫费昌的亲信。这个费昌有一次到黄河岸
边散步。忽然，他隐隐感觉周围有什么不对劲儿，费昌抬
头一看，原来天上同时出现了两个太阳，东边一个太阳光
辉灿烂，射出万道霞光，被彩云簇拥着，精神百倍地上升
起来；而西边的 个太阳暗淡无光，病恹恹的，好像随时
都要坠落下去，这时候，天空中响起轰轰的雷声。

费昌看着两个太阳的奇景，想着"天无二日，人无二
王"的民间古谚，心里着实惊诧。就问水神冯夷："这两个
太阳，哪一个是殷？哪一个是夏？"冯夷告诉他说："西边
的太阳是夏，东边的太阳是殷。"费昌连连道谢，回顾自
己在夏桀治理国家的见闻，知道夏王朝的大势已去。费昌
便带着自己的族人，投奔汤王去了。

仁慈的汤王甚至还会派人去凭吊那些无辜的受害者，
这件事被夏桀知道了，夏桀非常恼怒。因为他也耳闻了汤
王的德行，认为汤王是觊觎自己的帝位，想要拉拢人心。

夏桀身边有个奸臣叫赵梁，赵梁心狠手辣，诡计多
端，这时候忙不迭地给夏桀出谋划策。《绎史·卷十四》

回到远古和神仙们聊天

记载："桀怒汤，以谀臣赵梁计，召而囚之均台（夏台），置之种泉（即重泉），嫌于死。"夏桀按照赵梁的诡计，假意嘉奖汤王，召汤王来京城。可是，当汤王来了的时候，便被捉到了夏台。夏台，是一个高级监狱，里面有各种设施齐备的行刑工具。种泉，也叫作重泉，是夏台里面独特的一间房间，可能是地下水牢。显然，残暴的夏桀打算给汤王的是一张单程票，并没有送他活着出去的打算。

汤王身陷阴暗恐怖的监狱，插翅难飞。眼看汤王就要命丧于此，"汤乃行贿，桀遂释之"，汤国的使者带来了大量金银财宝。原来，这个暴虐的夏桀也是见钱眼开、爱财如命的家伙。

夏桀觉得给汤王一点儿教训，汤王就会害怕，以后就不敢违背自己的旨意。天下之人，更加不敢反抗自己，自己就真的如同那永不坠落的太阳，光照天下。

在夏桀的嘲笑和不屑中，汤王拖着被折磨得遍体鳞伤的身体，从夏台走出来。他虽憔悴却并不沮丧，因为，他知道自己有朝一日，将会回来。

第十六章

网开三面从何处来

——商汤的故事

在暴君夏桀为所欲为、不知收敛的时候，他的命中克星汤王出现了。汤王是殷王主癸（guǐ）的儿子，他是有名的美男子，身材魁梧，肤色白净。汤王不仅长得一表人才，风采卓然，他还有一副仁爱的心肠。他认为人不能只想着自己，而应该设身处地地为对方着想，哪怕对方只是一只小小的飞鸟。

据说，有一次汤王到郊野去，远远看见有一个人，这个人在郊野捕鸟，他不是像后羿那样用弓箭射鸟，而是在郊野张挂一张宽大又封闭的大网。这张网极高极大，网眼又极其细小，从远处看，很难看出这张网。

若是天上的鸟儿一不小心被网挂住，更是绝难挣脱。那又细又韧的网丝就会死死缠住鸟儿的尖爪，鸟儿被这突如其来的大网网住，一颗心扑通扑通地跳个不停，早已经心胆俱裂，只有使出全身力气，挣扎着往外飞。然而这样一来，网丝反而越缠越紧，鸟儿更加难以挣脱，只好在恐惧和绝望中被人捕获。

这个张网捕鸟的人，为了捕捉更多的鸟儿，干脆在四面都张上网，用这大网网罗住那些自由的飞鸟。这个捕鸟人甚至在嘴里祝祷说："从天上落下来的飞鸟啊，从地里钻出来的小兽啊，从四面八方来的动物们，都来掉进我的网吧！"

善良仁爱的汤王不忍心看着郊野的生灵被赶尽杀绝，

就和捕鸟人说："你这样四面张网是不行的呀，如果你不留生路，在这里往来的飞鸟迟早会被你网得一只不剩，这样杀鸡取卵不顾后果的事情，除了夏桀，还有谁会这么干呢？"汤王让捕鸟人把张好的网解去其中的三面，只留下一面，汤王想了想，教给捕鸟人另一首祝祷辞：

从前，蜘蛛吐丝织网捕捉猎物，

现如今人们也学蜘蛛的样子张网捕猎。

天上这些自由自在翱翔的鸟儿们啊，

如果你们想朝向左飞就朝向左飞，

如果你们想朝向右飞就朝向右飞，

如果你们想往高处飞就往高处飞，

如果你们想往低处飞就往低处飞，

只是啊，你们可千万别自己侵害自己的生命，

偏偏来碰在我的网上！

这个事情一传十，十传百，很快传到了汉水以南。汉水以南有很多的小国，这些小国的人们听说汤王的仁德，不仅及人，还广播到鸟兽的身上，打心眼里佩服。人们通过这件事认识到，如果自己能够归附仁爱的汤王，一定能够得到汤王的垂怜。在众人心中，汤王的仁德品行已经远远超过残暴自大的夏桀。

在心悦诚服的人群中，有一个叫作伊尹的人。这件事情传到伊尹耳朵里。这个当时在夏桀御膳房供职的厨子做了一个重要的决定——投奔贤能的汤王。

这个平时在大家眼中平凡的大厨，其实是一个非常有能力的人。他出生在东方小国——有莘（shēn）国，伊尹的母亲就住在伊水的岸边。母亲身怀伊尹的时候，曾经做了一个很奇幻的梦。她昏昏沉沉地走到一个陌生的地方，正在惊疑的时候，一个仙风道骨的神人走来，谆谆教诲她说："如果你舂（chōng）米的时候，臼出了水，这是灾祸要来临的征兆。这个时候，你千万不要犹豫，一定要拼尽全力向东边跑，记住，你千万不可回头看。"

舂米，就是把打下的谷子放在石臼里，用棒槌捣掉谷壳，舂出来的壳就是糠，剩下的谷粒就是我们吃的粮食。

伊尹的母亲还要继续询问缘由。神人只是不答，再三强调一定不可以回头。说完便飘然离开。伊尹的母亲追着神人，眼看要追上了，突然天崩地陷，一脚踏空。伊尹的母亲睁开眼，发现自己还在床上，明月在窗，风移影动，四周一片静寂。

第二天，伊尹的母亲在舂米的时候，果然看到石臼冒出水来了，她想到神人的警示，赶紧把神人的话告诉邻居们。

"我们一定要向东走，千万不要回头啊。"她带着人们按照神人的吩咐向东边走。众人心事重重地走着，都不敢轻易回头看。这个时候，大家已经走了十里路了。有人说："不能回头看，我也不知道家里怎么样了。"有人说："还顾得了那么多？只要人活着就行啊。先忍忍吧。"还有的人说："走了这么远，料想回头看也没问题了吧。"

伊尹的母亲心乱如麻，她惦念着家园和邻居们，忍不住回头看了一眼，这一看不要紧，她看到了什么呢？自己的家园早已被白茫茫的大水淹没，而自己和邻居们的身后，凶猛的大水好似猛兽，张牙舞爪地逼迫过来。这一惊非同小可，她吓得惊叫起来，可是那惊恐的声音才到嗓子眼，就凝滞不动了。

她为了抵挡那可怕的潮水而举起的双臂，突然变硬，紧接着，她的身子居然也无法动弹，她看到自己的皮肤变得非常粗糙，不像人类的皮肤，倒像是经霜的老桑树树皮。

大水滔天袭来的一瞬间，她的身体变成了一株老桑树。老桑树竖立在大水的中央，那涌起的水被拔地而起的老桑树阻挡，去势减缓，水流渐细，不似刚才那般猛如野兽，而是驯服似温顺的羔羊，渐渐乖乖地退去了。

这棵老桑树是空心的。过了些日子，一个采桑的姑娘经过老桑树的时候，听到有婴儿的啼哭声。她张目四望，循声找寻，走到了这株空心老桑树跟前。

声音就是从老桑树那里发出来的，这个姑娘好奇地走过去，看到老桑树的肚子里有一个脸蛋红扑扑、浑身赤条条的小婴儿，婴儿好像是饿了，张开大嘴，哭声大得像吹喇叭。

姑娘把婴儿抱走，献给了有莘国的国王。国王做了一个决定，把婴儿交给了王宫的厨子。按照一般的逻辑，这个婴儿会跟着厨子们学到高超的厨艺，然后，等到自己的师傅老了，接替师傅的工作，成为一个历史上默默无闻的普通人。

可是，这个婴儿不是那种被动接受命运安排的人。日月如梭，光阴似箭，婴儿变成了少年，又从少年变成青年。他虽然身在厨房，但是，他有一个爱好，就是读书。

他没有自由的学习时间，就趁着帮厨的间隙，在别人吃酒玩乐的时候，心满意足地打开书，细细地读着。他因为勤奋好学，成了一个有学问的人。这个人就是伊尹。书籍开阔了伊尹的视野，给他带来了知识和智慧，为伊尹平淡无奇的生活添加了无限的遐想。有一种叫作理想的东西吸引着他，让他想从平凡变得卓越。伊尹知道，自己的抱负并不在这个小小的有莘国。

伊尹的学识过人，有莘国国王很赏识他，就让他做有莘国公主的老师。就这样，自强不息的伊尹凭借自己的努力，改变了自己的人生轨迹。如果想要改变一个人的人生，最简单的办法就是改变这个人所在的环境。伊尹走出了那间小小的厨房。

　　有莘国的公主虽然身在王宫中，但她的美貌和贤淑已经传遍了全国。公主的一颦一笑，都美得扣人心弦；公主待人接物的态度，落落大方。去东方巡游经过有莘国的汤王，慕名而来，向公主求婚。王宫的仆人们为公主的婚事忙得人仰马翻，这个叫作伊尹的人却冷静地筹划着：如今殷国的汤王仁德之名传遍天下，这个国家势必要强盛起来。

　　顺势而为者方可成就大业，伊尹做出了决定，以公主陪嫁臣子的身份，追随公主到汤王那里去。在那里，有一个更高的舞台等着他。

　　聪慧的伊尹感觉到机会来了，他使出浑身解数，为汤王烹饪美味佳肴。汤王起初吃到伊尹所做的山珍海味，觉得他是一个非常出色的厨师，甚至接见了伊尹。

　　可是，命运似乎和伊尹开了一个玩笑。汤王此后并没有提拔他。他等啊等啊，总是期待着有一天，能够得到汤王的肯定。日子一天天过去了，什么消息也没有。他的信心也一点一点地丧失了，失望开始吞噬着伊尹的心。他变得沉默寡言，做菜也提不起精神。

伊尹不被汤王重用，心里十分委屈。天下之大，他不相信没有自己容身的地方。这一天，他跑去投奔了夏桀，成为夏桀宫殿里的一个御膳官。伊尹的技术高超，很快赢得了夏桀和妹喜的宠爱。可是，伊尹却陷入了深深的疑惑之中，他看到夏桀的种种暴行，敢怒而不敢言。

在一次进谏失败后，伊尹筹算着，如今夏桀暴虐，惹得人民怨声载道，留在这里，只怕不知何时，就要成为夏桀的陪葬品。伊尹把天下大势和个人出路联系在一起考虑，决定回到汤王那里去。

面对汤王，伊尹告诉自己，要抓住机会。他从各种烹调的手法说起，一直说到了治理国家的大事，正所谓"治大国若烹小鲜"。"烹小鲜"是指烹饪一道美味的小菜，治理国家和做菜相似，依照自然规律，尽量做到不扰民，才能把国家治理好。伊尹讲得口若悬河，头头是道。

多少年以来，他勤读书籍，苦苦思索治国良策。他的眼神熠熠，站在一个能够和他一起改变世界的人前面，他要把他所有的智慧、思考一股脑地传授给汤王。经过了这次对谈，汤王认为他的确是一个不可多得的人才，便任命他做殷国的宰相。

谁也没有想到，伊尹，这个出身卑微，流落有莘国的奴隶，这个在烟熏火燎的厨房中忙前忙后、被人呼来唤去的厨子，居然有朝一日身居显位，成为汤王的宰相。

此刻，早已失去民心的夏桀还沉溺在声色犬马之中。不过，陪伴在他身边的妃子却不是那个妺喜，而是来自西南小国岷（mín）山的美人，一个叫作琬，另一个叫作琰。和光艳照人的新人相比，曾经不可一世的宠妃妺喜已是人老珠黄，青春不在。夏桀不再像以前那样，把妺喜带在身边。

妺喜被夏桀抛弃在洛水旁边的一座宫殿之中，难以再见到夏桀。这座宫殿，成了妺喜被流放的冷宫。妺喜刚开始还等着夏桀来，期盼着夏桀能够回心转意。哪知道，这个曾经海誓山盟的夫君现在左拥右抱，把她彻底抛弃了。妺喜是一个不简单的女人，她绝不甘心就这样被夏桀抛弃，冷静下来之后，她决定给夏桀一点儿颜色看看。

妺喜想到伊尹曾经在宫中做御膳官，不如依靠着这点儿交情，把那个负心的夏桀整治一下。于是，妺喜就暗中派人去结交伊尹，把一些机密的事情告诉了伊尹。作为回报，伊尹也常带些金银珠宝给妺喜。

在夏桀毫不知情的情况下，国家机密情报源源不断地通过妺喜转达给伊尹，又由伊尹告知汤王。汤王对夏桀的情况了如指掌，在经过周密部署后，汤王决定统领天下诸侯，讨伐夏桀。

出征的那天，万里无云，旌旗蔽空，汤王坐着车子率领众人启程，伊尹跟随在汤王的后面。他曾无数次想象过自己的未来，然而当他庄严威武地辅佐汤王，率领大军征伐夏桀的时刻来临，他还是激动不已。

大军开战，首当其冲的是韦、顾和昆吾这三个夏桀的同党，诸侯联军胜。

大军继续前行，遇到的是镇守章山的夏耕，又胜。

这一天，大军攻打到了夏桀的京城，漆黑的夜空被火光照如白昼，一番激战后，固若金汤的城池被攻破，大胜。眼见兵败如山倒，夏桀慌忙带着宠妃们，趁乱逃出京城。一直逃到了距离京城好几百里的鸣条。鸣条，在今天山西安邑县。汤王虽然仁慈，但是也知道对待坏人绝对不能心慈手软，就选了最好的七十辆战车，带着六千个英勇的战士，追赶夏桀。

夏桀的军队早已丧失信心，还没有交锋就溃败了。他们毫无斗志，只顾着逃跑。

前面是一条大江，夏桀带着剩下的残兵败将，领着宠爱的妃妾们，七手八脚地驾着几条破船，一直逃到南巢。夏桀不久就郁闷而死。他在临死的时候，还狠狠地说："我真后悔没把成汤那小子杀死在夏台，以至于有今天啊！"

第十七章

谁在渭水边钓鱼

——姜太公的故事

时光流转，经过了数代帝王的统治，商朝迎来了最后的岁月。朝代的更迭，帝王的交替，并不能改变百姓们对自己人生的悲欢离合、生活的喜怒哀乐的关注。

有一位在渭水河边垂钓的须发皆白的老者，他姓姜，叫作姜子牙，人们叫他姜太公，也叫作"太公望"。姜太公的祖先因为助大禹治水，被封在吕这个地方，所以他又叫吕尚或吕望。姜太公是一个博学的人，尤其擅长军事，可以说是身负凌云万丈才，可惜，大半生过去了，他却未能施展才华，做出一番事业。

年轻的时候，他离家赶赴商朝的都城朝歌（即今河南省淇县），想要入商朝做官，辅佐商纣王治理国家。可惜纣王无道，他愤而离开朝歌。

他开始到中原各国去游历，渴盼自己能够遇到明君。可惜不论在哪个地方，他都得不到重用。渐渐地，他的盘缠用尽，生活陷入贫困。

为了生活，他曾经在朝歌当过屠牛的屠夫，可是，一直到案板上的肉都发臭了，还是没有买主来光顾；他还在孟津卖过饭，起早贪黑，忙得不可开交，依靠出卖劳力换来微薄的收入。

在外人看来，姜太公只不过是流落到穷乡僻壤的落魄之人。可是，对于姜太公来说，虽然日子过得紧巴巴的，但他并不沮丧。因为他知道，他满腹的才华、卓越的见识和治国的学问，终有一天，能够被君王赏识，并应用于世间。

颠沛流离的生活并没有摧毁他的梦想，可是，无情的时间却不肯稍作停留。几十年的风风雨雨，几十年的穷困潦倒，几十年的光阴悄悄带走了他强壮的身体和旺盛的精力。

当他在某一天收拾好自己的摊位，满街的枯黄叶子刷啦刷啦地被风吹着，他觉得今天的货担比往日的更沉重。可是，这是没有道理的事情啊，因为里面并没有什么沉重的物品。

姜太公突然意识到，自己已经垂垂老矣，往事一幕幕涌上心头。他回顾自己的大半生，惊觉自己的半辈子已经在默默无闻中过去了。

难道他的一辈子就这么度过了吗？没有人知道。他来到渭水边，盖了一座茅草屋子，每天坐在河边钓鱼。

我们在生活中，也会遇到这种几乎看不到希望的事情。它也许是一场将要决定我们人生轨迹的考试，也许是一次和众多高手同台竞技的比赛，也许是一个藏在心里很多年却很难实现的愿望，也许是一段难以启齿的刻骨铭心的经历。

其实，外界的评价，并不能真正客观地去判定一个人的能力和潜力。对于一个具有无限可能性的人来说，当自己给自己做了一个悲观评价的时候，才是真正失败的开始。

在卑微不得志的姜太公的内心深处，那个叫作希望的地方从来没有黯淡过，他隐隐地希望能够遇到一位明君。他没有放弃自己，依旧像从前一样读书、思考。正是他的不懈坚持，才让他成为那个时代里最为博学、最有抱负的人之一。

时光荏苒，白驹过隙。渭水在寒冬冻结，又被春风唤醒，叮咚流淌。一年又一年过去了，姜太公投竿抛饵，两膝跪踞的石头上，都有了凹陷下去的两道深深的印痕。人们常常能看到姜太公在渭水岸边钓鱼的身影。

年迈、穷困的姜太公不悔自己的抉择，在艰难的生活中，等待着时机。不同的是，他的胡须和头发由斑白变成了一色的雪白，他还能等到明君的到来吗？渭水不语，群山无言。

姜太公甚至也一度怀疑，差点丧失了希望，既然命运是这样安排的，他只好接受这一切。姜太公依旧每天坐在渭水边垂钓，余生只好做一个"斜风细雨不须归"的渔翁，虽然这和他的初心并不相符。

命运不会辜负每一个努力的人，幸运之光即将照耀这个年迈却不屈的老人。即使这一刻来得比较晚，但是，它终究到了，没有缺席。

一天晚上，西伯昌（姓姬，名昌，死后谥为西伯昌）躺在王宫中，觉得眼皮特别沉重，就闭目沉睡。不知怎么，他发现自己站在令狐津的渡头（即渡口，是船摆渡，供人过河的地方）。恍惚中，他看见身着黑袍的天帝站在渡头，向他微笑招手。

他急忙走过去。天帝的身后还有一位须眉皓白的老人，老人神采奕奕地站在天帝身后。正当西伯昌奇怪的时候，天帝说："昌啊，我现在赐给你一个好帮手，他的名字叫望。"西伯昌听天帝这样说，赶紧下拜，那个须眉皓白的老人也下拜还礼。

西伯昌刚要说什么，站在令狐津渡口的天帝和老人却突然不见了。西伯昌很害怕，眼前的令狐津渡口也模糊了，自己好似跌入了一个无底洞之中，不住地往下坠。

西伯昌吓得打了一个激灵，手捉住了什么东西。他一睁眼，发现自己还好好地躺在寝宫的床上，夜色深深，手里握着的是那柔软的床褥。原来这是一场梦啊！梦醒后，西伯昌还记得梦中的事情，心想：望是谁啊？莫非这个望就是那个既有才干又有见识的大贤吗？可是，我到底在什么地方能找到他呢？

这一天，西伯昌想要去郊野打猎，临行前，他叫太史编替他卜了一卦，太史编唱了一首歌：

回到远古和神仙们聊天

到渭水的北边去打猎，

你将会有很大的收获。

不是螭也不是龙，

不是老虎不是熊。

你将会得到一位大贤，

他就是上天赐你的好师长。

西伯昌想到自己前不久做的那个梦，心想：也许在渭水河边遇到的那个大贤就是天帝所说的望吧！这真是踏破铁鞋无觅处，得来全不费工夫。

于是，西伯昌就遵照着太史编的指点，擎鹰牵犬，率众狩猎，沿着渭河一路打猎。那些拼命逃窜的小动物们把西伯昌一直引到了渭水的蟠（pán）溪。

这蟠溪是一个树木茂密的地方，遮天蔽日的浓荫匝（zā）地，旁边便是碧绿的一潭池水。那凉爽的风穿山渡水而来，带着沁凉吹拂着困乏的人马。

在岸边，一个胡须和头发都已经如霜似雪的老者，正从容地坐在白茅草垫子上，头戴竹斗笠，身着青布衣服，手持钓竿，一动不动地在渭水河边钓鱼。

西伯昌一行人杂沓的车马声，也不能影响老者。老者既不惊慌，也不错愕，只是一如既往地用眼睛看着那平静的水面，等着鱼儿上钩。他俨然是一位超然世外的烟波钓客。

坐在车上的西伯昌，看到老者的相貌——白胡须，白头发，不正是那一日晚上梦到的那个站在天帝身后的老人吗？西伯昌又仔细端详着老人，像！真像！

西伯昌生怕老人像是在梦中那样突然消失得无影无踪，便急忙下车，在仆从的簇拥下，走向老人。

《增广分门类林杂说》卷八中记载：

文王问曰："君既年老有妻子，而独在此钓鱼？"

公曰："不忧年老无子，唯忧天下无主。"

文王曰："纣为天子，何言无主？"

太公曰："人主养民，纣为淫虐，何主之有？"

这个老人不像其他人那样，见到众人簇拥的西伯昌，立刻受宠万分，结结巴巴地说不出话。面对着恭恭敬敬的西伯昌，老人却面不改色，一副不惊不慌的模样。从天下大势的分析，到国家的治理，再具体到军事部署，老人从容不迫地讲着，西伯昌津津有味地听着。说者侃侃而谈，听者饶有兴致。

西伯昌很确定，眼前这个其貌不扬的老者是一位深藏不露的高人，他就是自己梦中见到的那个老者，就是自己费心劳力寻访的那位堪当大任的大贤。

西伯昌诚恳地说："老先生，我那去世的先辈太公，从前常向我说，不久就会有圣人到我们这里来，辅佐君王，我们周民族将会因为这位圣人的到来而兴盛起来。如果我没有猜错，您就是他所说的圣人，我期盼您很久了！今日有幸相见，请您随我回到都城。"

这位老者就是姜太公。多少年来，他期盼着能遇到一位明智的君主，可是却不能如愿。在他将要彻底绝望的时刻，他听到了林中传来的一阵喧闹声。

犬吠声声，马嘶阵阵，那凌乱的脚步声，让平日静谧的渭水边增添了几分不太协调的热闹。可是，这热闹喧嚣在姜太公的耳中，恰如仙乐一般曼妙悦耳。

聪明的他预感到，隐藏在自己心里许久的那个梦想即将要实现了。变幻莫测的命运之神，终于要垂青他了。是的，在经历了多年的积淀之后，在经历了数不清的希望与失望相交织之后，他终于等到了这一刻。

一群谦卑的仆从们拥着一位衣着考究的人走来，他几乎能感觉到自己的心跳，他知道，这个人就是他苦苦等待的那个明君。他高兴得想要跳起来，可是，如果露出惊惶或者激动的表情，是不可能得到好的效果的。

他深吸一口气，强行抑制住激动的心情，于是，就有了上述的一幕。西伯昌请老人坐上马车，求贤若渴的西伯昌依照当时最隆重的礼节，亲自坐在车的右边，赶着马车。马儿嘶鸣，嘚嘚地载着西伯昌和姜太公奔向岐山的都城。

熟悉的渭河风景快速倒退，坐在西伯昌身边的姜太公，此时再也抑制不住那滚滚的热泪。含着激动、感激、感慨、庆幸的泪水，从眼眶里滚落下来，经过他的脸上，落在他满腮的花白胡须上。

滚烫的泪水，激动的心情，这一刻，这个老者已经等待了太久太久。幸好，他没有放弃。时机，有时候只来一次。但是，当这个机会来敲门的时候，他抓住了这个千载难逢的机遇。

西伯昌拜姜太公做了国师，叫他"太公望"。他满腹的经纶和毕生的抱负，在西伯昌的支持下，得到了完美的施展。

姜太公辅佐西伯昌治理国家，日益强大的国家得以迅速扩张，迅速吞灭了附近的几个小国。姜太公认为，一统天下并非一蹴而就的事情，需要把这个大的目标分为几个小目标。西伯昌把都城从岐（qí）下（今陕西省岐山县以北）迁到丰，丰在今天的陕西省鄠（hù）县即户县以东，这一迁都便使周民族的势力向东扩展了几百里，一步一步逼向纣的京城朝歌（今河南省淇县以北）。

没错，这一切都是为了打败周民族最为强大的对手——纣王统治的商王朝。周民族磨刀霍霍，准备在即将到来的战争中大展身手。

然而，迁都不久，西伯昌就生了重病，含恨去世了。这位把姜太公从渭水水滨带到都城的明君，没有看到胜利到来的时刻。姜太公忍痛送走了西伯昌，继续辅佐他的儿子姬发，也就是下一代的君主——武王。

姜太公少不逢时，空有才能却不被商纣王重用，曾经穷困潦倒，被迫流落于市井民间。直到七八十岁时，在渭水水滨垂钓的他，终于遇到求贤若渴、慧眼卓识的明君西伯昌，从此被拜为国师。他是大器晚成的传奇。

姜太公的故事令人联想起我国著名的翻译家杨绛先生。在她48岁的时候，她才开始自学西班牙语。到了52岁的时候，她已经能够读懂比较艰深的西班牙文了。到了65岁的时候，杨绛先生终于把《堂吉诃德》翻译完成。

我们在生活中常听到这样的话："唉，我要是早一点儿知道好好学习就好了，现在努力已经晚了，还是算了吧。""我的年龄都这么大了，脑子跟不上了，什么也学不会了。这些知识都要趁着年轻学啊。""不是我不想，而是我现在的精力不够了，只能把希望寄托在孩子身上了。"其实，如果我们细细分析就会发现，很多时候并不是人的能力不够或者精力不充沛，而是自己找到一些堂而皇之的借口，自己放弃了自己。

如果你有梦想，那么，请你现在就去为实现它而付出吧。因为只要你出发了，就永远都不会晚。

第十八章

遗臭万年的纣王

——武王伐纣

商朝的最后一个帝王是商纣王，他和我们讲过的夏桀相似，个头很高，长得很英俊，他还是一个耐不住性子的人，高兴起来的时候，干脆徒手和猛兽搏斗。因为力气大，纣王能够倒拖着由几头牛拉的车子跑，估计当时要是有奥运会的话，这个纣王一定能够夺得举重的冠军。

　　除了臂力惊人之外，他还是商朝有名的"辩手"。不管对方如何苦口婆心地劝谏，他都能够口若悬河地辩解，振振有词地反驳。当他把对方驳得哑口无言时，他才踌躇满志地把人家丢在一边。

　　其实，他一直都在强词夺理和自欺欺人。因为他位高权重，所以没有人敢和他对着干。他内心的骄傲自大像一只充气的气球一样不断膨胀。渐渐地，他以为自己是朝廷里面最尊贵、最聪明、最有才能的人。纣王甚至在得意万分之时，自己给自己取了"天王"的封号。

　　自封"天王"的纣王为自己建造了极其奢华的宫殿——位于京城朝歌的鹿台（在今河南省淇县）。为了建造这座鹿台，成千上万的奴隶花了整整七年的工夫。

　　碧峰环绕的太行山上，雄伟瑰丽的鹿台被建造起来了，长有三里，高有千尺。远远望去，那鹿台的宫殿宛如蜂房水涡。鹿台拔地而起，蔓延数里，其中的亭台楼阁，重叠无数。

　　走近一看，才看到鹿台上数不尽的龙楼凤阁、飞檐斗拱。因为鹿台很高，所以登上鹿台纵目一望，云雨好像都在它的下面。那皑皑白云，蒸腾无定，曼妙婀娜，似仙人罗带。那云海之中的嶙峋山石，半遮半掩，若隐若现，像是守卫的兵士。

楼阁依地势的高低而建，长长的走廊曲折回旋，可以听到那喧天的鼓乐。娇艳的姑娘被强行征召入宫，只能在这美丽却冰冷的宫殿里度过生命中最美的年华；纣王喜欢野兽，奴隶们还要开辟园苑，把从各地搜集来的许多珍禽异兽放入其中。

纣王从人们那里掠夺财富，整日和宠妃妲己饮酒作乐。宝石、美玉和金银被充实宫中。而那些被搜刮干净的百姓，却过着悲惨的生活。

纣王后来又建造了规模更大的倾宫和琼室，这两个宫殿全部用价值连城的美玉做装饰。

那时候的西伯昌，也就是之后的文王见到了这种情形十分担忧，想要进谏。可是，理智告诉他，再进谏也是徒劳无益。如果赶上纣王的心情不太好的时候，可能连命也要搭上。

左右为难、十分无奈的西伯昌只好背着纣王叹息几声。不料，西伯昌的叹息声却被一个叫崇侯虎的人知道了。崇侯虎，是有崇氏（今陕西户县）国君，侯爵，名虎。

本来，西伯昌的叹息无可厚非，只是一个正直的人迫于纣王淫威，心怀不满却又无可奈何的表现罢了。这是人之常情，可是，这个崇侯虎却不这么想。

他满脑子想的是如何升官发财。这是一个机会，他可以借题发挥讨好纣王。至于这个西伯昌的死活，他是不考虑的。他是臧克家先生诗中所说的"他活着别人就不能活"的人。后世有一个成语叫作"助纣为虐"，这个成语的意思就是帮助坏人做坏事。

这个纣王的爪牙，赶紧跑到纣王那里，把西伯昌叹息的事情添油加醋地告诉了纣王，还嫌不足，又煽风点火："这个西伯昌可不是好东西，要防着他点儿。他平时假装好人，收买人心。现在，好些诸侯都向着他。"

暴虐成性的纣王听了崇侯虎的谗言，不分三七二十一，便叫人去把西伯昌抓了过来，囚禁在羑（yǒu）里（今河南省汤阴县北）。可怜的西伯昌被关在地下监狱里。这座监狱被深深地凿在地下，四周无窗，通风的窗子开在屋顶，整个监狱阴森恐怖，更恐怖的是监狱里那些虎视眈眈的狱卒们和形形色色的刑具。西伯昌每天都被死亡的恐惧威胁着，却插翅难飞。

西伯昌被囚，命悬一线，他的臣子们急得像是热锅上的蚂蚁，十万火急地赶过来。西伯昌身处险境却临危不乱，暗示臣子们把珍宝献给纣王以求得生命安全。臣子们去盛产美人的有莘国寻访美人，去犬戎寻找具有火焰般通红色鬃毛的文马，去林氏国寻找珍奇——可以日行千里的野兽"驺（zōu）吾"等等，又把这些一起拿去送给昏庸残暴的纣王。

西伯昌的臣子们不敢直接找到纣王，他们生怕说错了一句话，害得西伯昌人头落地。这件事情不容马虎，要保证万无一失。几个人思来想去，想到了一个人，这个人就是纣王的宠臣费仲，献美女和宝物的事情，就拜托给能解决好这个问题的人吧。

臣子们先买通了费仲，费仲就去找纣工为西伯昌说情。等到费仲把事情办妥了，臣子们这才把那艳丽绝伦的有莘国的美人、价值连城的珠宝和罕见珍贵的野兽呈上大殿。

纣王非常高兴，他端详着有莘国的美人，见美人国色天香，心情大畅，对西伯昌的嫌弃之心去了，指着美人说："只这一样东西，就足以释放西伯昌了，何况还有这么多的东西呢！哈哈！我其实也无意为难西伯昌，只不过那长鼻子、缺耳朵的家伙（指崇侯虎）老是和我说西伯昌的坏话，我不得不让西伯昌暂时受点委屈。"

臣子们赶紧谢恩，急急忙忙跑到监狱那里，把囚禁在里面的西伯昌救出来。西伯昌死里逃生后，虽大难不死，却心有余悸。是啊，只要暴虐的纣王仍然存在，只要崇侯

回到远古和神仙们聊天

虎再献谗言，自己是否还有这样的好运气能够逃离魔掌？即使自己能够逃离，天下的百姓们又能否逃离魔掌呢？

回到周的国都岐下，在姜太公的辅佐下，文王励精图治，周国兵强马壮。在短短的四五年之间，便吞并了附近的几个小国。文王始终忘不了那被囚禁的耻辱，他亲自统帅兵马，前去征伐崇国，杀了曾经陷害过自己的崇侯虎。

不久，周国迁都，文王去世。他没有看到纣王灭亡的那一天，文王把希望寄托在自己的儿子武王身上。

年轻的武王送走了慈祥的父亲，却感受到自己肩头的重担。他和纣王，可以说有世仇。他的祖先在周国尚未强盛之际臣属商，而为纣王祖先（文丁）所杀；他的父亲被纣王囚禁在羑里，差点儿丧命。而今，他身负杀祖、囚父的仇恨，要和纣王做一个了断。

武王个性刚强，即位不久的他决定兴兵讨伐纣王。出兵之前，太史用龟壳和蓍（shī）草为武王的出征卜了一卦，得到的兆象却令人大吃一惊——大凶。

面对如此不吉的兆象，文武百官们交头接耳，提心吊胆。武王看到百官们胆怯的样子，感到出兵的计划就要搁浅，心中焦急不已。

这个时候，一个须发皆白的老者从人群中走出来，捋起袖子，突然愤愤地将手伸向神案，一把将占卜用的龟壳和蓍草推了下去。

老者似乎还不解恨，他还用脚重重踏在龟壳上，不无悲痛地说："这些不过是死骨枯草罢了，又怎么能够预测出人事的吉凶呢？"这位老者就是姜太公。

武王不是孤立无援的，姜太公的勇气提振了武王的精神，武王非常欢喜，立刻传命启程。这种无畏的精神也传递给了在场的文武百官，大家看到国君武王和国师姜太公那无所畏惧的样子，也倍感振奋，纷纷回到营地部署军队。

可是，当武王兴兵出征的这一天，却来了两个人，这两个人干脆拦住马头进谏，当众指责武王在父亲尸骨未寒之时，就迫不及待地兴兵讨伐纣王，是为不孝不仁。这两个人是孤竹君的儿子伯夷和叔齐，他们跑来投奔文王，刚到周国，却意外得知文王去世的消息。

武王左右的卫士听了这些无理迂腐的指责，顿时火冒三丈。他们的职责是保护武王，他们的逻辑和这两位老者的逻辑明显不同，两方面的人根本谈不拢。

于是，卫士们决定拿着手里的武器，给伯夷和叔齐上一节"军事课"。

幸好姜太公赶来，在千钧一发之际，喝住卫士，说："不要伤害他们，他们都是好人啊，让他们去吧！"又命人搀扶着伯夷和叔齐离开。

然后，武王的军队继续朝东直下，一路上披荆斩棘，所向披靡。转眼间，快要渡孟津的时候，天气骤变，连日阴寒，好像一夜之间就从秋天到了冬天。一早起来，天上开始簌簌落雪，郊野白茫茫一片，这一场雪非同寻常，竟然一连下了十多天。大雪积了丈余深，军队只好暂时驻扎在洛邑一带。

武王一路上接见了很多想要参战的小诸侯国的使者，这一天，又来了五辆马车。从马车上走下来五个大夫装束的人和两位高大的骑士。武王本来打算暂时不接见他们。姜太公没有盲从国君的决定，而是从门里向外面张望了一下，这一看，大吃一惊，果断地说："不行，您得见见他们。你看，外面的雪有丈余深，可是，这五辆马车却没有留下车辙，想必这几个人是上天的使者。"

武王一看，果然如此，这五辆车好像是从天而降。那到底来的是何方神圣呢？如果贸然接见他们，恐怕言语之间，有不周的地方，反而弄巧成拙。

看着外面纷纷扬扬的大雪，姜太公心中一动，想出了妙计。他立刻派遣了一个使者，端了一钵子热腾腾的粥，要来者先喝一碗热粥来挡挡寒气。借着送粥的机会，得知这七个人原来是南海的海神祝融，东海的海神句芒，北海的海神玄冥，西海的海神蓐（rù）收，河伯冯夷，雨师咏和风伯姨。

因为上天的意思是要兴周灭殷，所以诸神来帮助武王，武王和姜太公把他们各自安顿在营里，随时听命。

等到转晴，趁着月明星稀，武王统领着大军渡孟津。渡过了孟津，就距离纣王的都城朝歌更近了一步，也距离胜利更近了一步。

壮阔的河水发出深蓝色的幽幽光泽，皎洁的月光透过白棉花一般的云朵，在水面上投射出碎金般的光芒，这微微的亮光一路伴随着载着八百诸侯的军队的船。武王的兵士们坐在船上，心情舒畅，便齐声歌唱，那歌声嘹亮，传到很远很远的地方。这个时候，有一些很像丹鸟的大蜂，纷纷飞落在船上。武王没有见过如此美丽的大蜂，就叫人将它们的形状画在军旗上，而武王乘坐的船，也被称为"蜂舟"。

这个时候，纣王统治的殷商王朝处于十分不利的位置上。黄河以北，朝歌以西地区，黄河以南的管（今河南郑州）以西的地区和江汉地区都成为周武王的辖地。

武王在孟津观兵。有人气喘吁吁地把这件事情告诉纣王，纣王轻蔑地笑了，毫不在意地说："我这个天子不是上天安排的吗？哼，他再怎么折腾，也是无济于事的。"

纣王的叔父比干是一个忠心耿耿、正直的人。比干是殷朝王室的贵族，在殷王朝很有威望。比干常常规劝纣王。可是，比干的劝解并不能让纣王改正，反而让他生了气。

纣王为人残酷暴虐，居然对比干说："我听说圣人的心有七个孔窍，我倒要看看是不是真的有七个孔窍！"然后就叫人把比干推出去，挖出他的心。这样一个地位尊贵、兼具德行的长者却因向纣王进谏而被剖腹挖心致死，整个朝野为之震动。一时间，甚至有殷朝的大臣偷偷离开朝歌去投奔武王。这看似固若金汤的殷王朝已经岌岌可危，纣王已到了众叛亲离的地步。

武王的军队在朝歌以南三十里的牧野安营扎寨。第二天早晨，在太阳还没有完全出来的时候，整齐肃穆的军队已经整装待发，武王站在阵前向八百诸侯誓师。

武王和纣王的甲士和战车终于对峙，雪亮的刀光，视死如归的战士，还有空中盘旋的猛禽，预示着决战时刻的到来。

武王的军队是正义之师，战士们抱着马革裹尸的决心，毫无惧怯，奋勇杀敌。而纣王的军队多为可怜的奴隶，恨不得杀了昏君，就盼着武王的军队解放他们，哪里还有心思替纣王拼命。

武王的战士们一进攻，纣王的军队就崩溃了。这些可怜的人们早就厌恶奢侈无度、沉湎酒色、聚敛财富、生性残暴的纣王了。有的奴隶甚至倒戈相向，反过来打纣王。

纣王从不知道，自己这个上天任命的"天王"原来早已被民众抛弃。纣王登上鹿台，穿上挂满珠玉的衣服，自焚而死。

正义，永远留存在人们的心中。在历史的舞台上，正义从不会缺席。

第十九章

不守信的恶果

——烽火戏诸侯

人非草木，孰能无情？人类是有感情的动物，有着喜怒哀惧等种种情绪。遇到开心的事情，人们会乐得手舞足蹈；碰上生气的事件，人们则大发雷霆；赶上难过的情形，人们不免沮丧伤心；要是身陷危机，人们将会感到恐惧。

有这么一位美得不可方物的女子，从一个无家可归的孤儿，成为君王最为喜爱的妃子，备受君王的宠爱，还生下了一个可爱的小王子，按理说，她应该心满意足才对。可惜，她却整日不苟言笑，或者说，从来都不会笑。

这个女子就是周幽王的宠妃褒姒。褒姒的身世很可怜，她很小的时候就失去了父母。残酷无常的命运夺走了小褒姒的家人，却没有夺走她的美貌。

褒姒是无法决定自己的命运的，长大的褒姒被褒国的人作为赎罪的奴隶，奉送到了周国。褒姒被选入周幽王的后宫中。当时周幽王的王后申后，是申侯的女儿。没有人想到，有一天，这个从褒国来的女奴隶，会取代申后，成为周幽王的第二任王后。

褒姒就像是成千上万的女奴隶一样，在一个陌生国度的王宫里面生活。褒姒就像是生长在幽谷中的兰花，在无人注意的时候，默默地绽放。

根据《史记·周本纪》的记载，几年后，一件事情改变了褒姒的命运。这一天，"王之后宫"，周幽王来到后宫巡游，"见而爱之"，一下子看中了褒姒。原来，这些年，褒姒在深宫中长大，成了举世无双的美人。

从此，褒姒不再是无依无靠的孤儿，而是一下子成为站在周幽王身边的尊贵无比的妃嫔，有吃不完的山珍海味，有享不尽的荣华富贵。

可是，褒姒的内心并不快乐。褒姒总感到她在这世界上没有什么亲人，孤零零的，十分难过。然而，褒姒越郁郁寡欢，周幽王越是觉得褒姒的韵味不同寻常。褒姒后来给周幽王生了个儿子，叫作伯服。

这一下，周幽王欣喜若狂，甚至打算废掉自己的结发妻子申后，然后杀掉他和申后的儿子——太子宜臼（jiù），然后立爱妃褒姒做王后，再立褒姒的儿子伯服做太子，把王位传给伯服。

有一次，周幽王和太子宜臼在王宫的园苑里游玩。太子没想到这看似寻常的散步途中还隐藏着杀机。周幽王想人为制造"意外"，命人把老虎从虎柙（xiá）里释放出来。那脱笼的老虎跑到了太子身边，对准他的脖颈想要咬下，然后拖走他，把他当作午餐吃掉。

太子转身看到了这样一只大猫，吓得魂不守舍。幸好太子并非胆小鬼，这时候仗着自己有几分胆量，圆睁着一对眼睛，死死盯住老虎，还大声地向着老虎一吼，显露出毫不畏惧的神色。

太子的这副样子和驯虎者驯虎时的姿态十分相似。老虎这时候也纳闷了，敢情这次出笼不是练习扑杀猎物，原来是接受"拓展训练"的。

老虎是很聪明的动物，刚才还张牙舞爪的老虎变得非常温驯乖巧，它驯服地把一对虎耳向脑后面贴去，乖乖地趴在地上，好像说："我很听话呢。"然后才敢瞄瞄太子的眼色，此刻太子丝毫不敢懈怠，仍旧严肃地盯着老虎，老虎居然不敢动了。

本想借助逗弄老虎的机会，把太子杀掉的周幽王无功而返。可是，周幽王似乎并不打算放弃。不久之后，周幽王下旨，废掉自己的王后申后，赶走太子宜臼，封褒姒为新王后，封他和褒姒的儿子伯服做了太子。

周幽王肆无忌惮地废掉自己的第一任王后申后，还屡次设毒计想杀掉儿子宜臼，他似乎忘记了申后的亲人申侯。被赶走的宜臼落魄不堪，去了自己母亲的娘家——申侯那里。申侯是一个很有势力的诸侯，申后的受辱，宜臼的遭遇，让他十分恼火，他心里默默等待着复仇的机会，因为以他当时的实力，是无法站出来的。

周王朝的史官伯阳却站出来了，他认为新皇后褒姒极有可能是一个会祸乱朝纲的"妖女"。流言蜚语不胫而走，人们回想褒姒的不苟言笑，想到褒姒现在受到周幽王的如此宠爱，能够成为最高统治者的王后，不管地位多么崇高，生活多么奢侈，周幽王多么宠爱，褒姒却还是始终不笑，确实是有点儿"妖气"。

别人的想法，周幽王并不在意。可是，褒姒的不笑，是他的一块心病。即使周幽王千方百计逗引她，她也一丝笑意也没有，永远是那一副冷淡的忧郁的样子。

其实，对于幸福的定义，每个人都有不同的理解。对于褒姒来说，这个贵为天子的男子、自己朝夕相对的夫君，也是命运塞给她的，她没有权利说"不"，只能全盘接受。

尊贵无比的王后的地位，并不能解开褒姒的心结。她的心事和她的身世一样，是后人永远解不开的谜题。人的心灵世界，就如同一片深邃的大海，那些过往的经历，或许有对亲人的思念，有对爱情的憧憬，有对凌辱的羞耻……

这些痛苦的和快乐的记忆，都隐藏在其中，谁也无法完全了解褒姒的内心，谁也无法解释，为什么本应幸福无比的新王后依旧郁郁寡欢。

但是，对于已经习惯号令天下、无人不从的周幽王来讲，却始终无法接受褒姒不爱笑的事实。他为了把褒姒立为王后，将自己推到了众叛亲离的境地。

褒姒是他的软肋，他拥有至高的权力，可是，这至高的权力却不能强迫宠爱的褒姒笑。他想让褒姒开心，他试过让滑稽的伶人进宫，伶人绞尽脑汁逗褒姒笑，褒姒不笑；他把申后废掉，把宜臼赶走，立褒姒为王后，让伯服取代宜臼当太子，褒姒还是不笑。

周幽王用尽方法要使褒姒笑，结果都宣告失败。这些努力虽然证明了周幽王费尽心力，但是结果却是一样的，每一次，都是徒劳无功的。周幽王日思夜想，使出浑身解数，褒姒还是一如既往的冷淡忧郁。

这真是一件令人头疼的事情。后来，荒唐的周幽王想出了馊主意。根据司马迁《史记·周本纪》的记载，为了让新王后褒姒笑，周幽王就"烽燧大鼓"，命人到烽火台上去点燃了烽火，擂起了轰隆作响的大鼓。于是四方八面的烽火台都燃起了烽火，响起了鼓声。

烽火台，也叫作"烽燧台"，是分布在从京师到边疆的交通要道上的建筑，这是古时候通过烟火传递重要军事消息的高台，烽火台上有专人守望。"烽"指的是夜里点的烟火，守卫的兵士在台上架起桔皋（gāo），在桔皋上面放上铁笼子，在铁笼子里面装好柴草等燃料，然后用火点燃，这就叫作烽火；"燧"是白天放的狼烟，指的是拿狼的粪便来烧的烟，这种烟在很远的地方也能看到，因为狼烟总是笔直的。

如果紧急情况发生在白天，那么驻扎在烽火台的兵士就会点燃狼烟；如果紧急事件发生在晚上，驻扎在烽火台的兵士就会点燃烽火。

如果京师或者边疆发生了紧急事情，烽火台就会变成了一只一只高耸入云的大火把，一座一座接连地燃烧起来。若是边疆告急，烽火台就会顺着边疆，一座一座点起狼烟或者烽火，消息就从边疆传到京师；如果是京师有军情，烽火台就从相反的方向点燃，从京师传到边疆，边疆的诸侯看到烽火台的消息，就会马不停蹄地赶过来，援救京师。

为了哄新王后褒姒开心，做事不计后果的周幽王决定点燃烽火台。导致了什么结果呢？各路诸侯们，看见从京师传来的烽火，知道京师出了事。可是，大家又都不知道周幽王那边具体出了什么情况，以及现在局势如何了。

各路诸侯各自点兵，急匆匆前去救驾。灰头土脸的各路诸侯先后抵达京师。诸侯派遣的斥堠（chì hòu）（即指侦察敌情的哨兵），骑在马上，左右观察，侦察敌情，却见京师秩序井然，不知道到底是什么情况。

随着诸侯的逐渐到来，京师原本宽阔的通衢（qú）（四通八达的道路）渐渐变得拥挤不堪，街道上都是各路诸侯的兵马和战车。人困、马乏、车堵，旌旗也被来往的人马挤得散乱不堪。

等到"诸侯悉至"，京师已经快变成一座巨大的兵营。到处都是闹哄哄的，各路诸侯都是一头雾水。

正当几支队伍扭缠在一起，闹得不可开交的时候，城楼上正在观望的褒姒突然被眼下诸侯们的狼狈模样逗笑了，她那娇美的笑颜，像是明珠那么璀璨夺目。周幽王看得赏心悦目，十分开心。

可是，惊讶地发现京师"无寇"的各路诸侯却是愤怒无比。原来，那用于传递紧急军情的烽火却被用于逗褒姒一笑，诸侯忙乱惊慌地赶到京师，狼狈地挤成一团的样子，竟然被当作周幽王和褒姒的笑料！带着满腹的失望、愤怒和耻辱，各路诸侯郁闷地离开了。周幽王不知道，不满的情绪正在四散开去，蔓延在各路诸侯、将军和兵士身上。

后来，周幽王每次想要逗褒姒笑的时候，就让人去点燃烽火，"数举烽火"。这一次，诸侯们心想，总不会又是周幽王开的玩笑吧！可是，当他们行至京师，却再一次失望地发现，仍然是什么事情也没有发生，只有城头那捧腹而笑的周幽王和褒姒。受骗上当的诸侯们越来越少。到了后来，诸侯们看到了那点燃的烽火，都不再相信京师有敌情。

周幽王依旧像以前那样随心所欲，甚至提拔了虢石父，虢石父是一个擅长压榨百姓，善于讨好上级的家伙，这个决定让"国人皆怒"。正在周国民众怨声载道的时候，一直伺机而动的申侯暗自和缯（zēng）、西夷、犬戎几个民族联合，举兵攻伐周幽王。这下可要完蛋了，周幽王听说大兵压境、京师告急，吓得心胆俱裂！

周幽王命人再一次点燃烽火，向边疆诸侯请求支援。"幽王举烽火征兵"，这一次，是真的要搬救兵了。然而，周幽王成了那个总是撒谎说"狼来了"的小男孩，等到狼真的来了的时候，没有人肯相信他的话了。边疆的诸侯们看到烽火，以为是喜欢恶作剧的周幽王故伎重施。

　　这一次，愤怒无助的是周幽王，烽火虽起，京师没有等来一个救兵。周幽王没有办法，只好带着褒姒往东逃跑。

　　可是，申侯和缯、西夷、犬戎几个民族的联合部队显然十分彪悍，他们秉着斩草除根的精神，一路追到骊山（今陕西省临潼区东南），"遂杀幽王于骊山下"。周幽王被杀，他的王后褒姒被犬戎俘虏到了西方，不知所终。

　　"诸侯乃即申侯而共立故幽王太子宜臼"，几个诸侯拥戴太子宜臼做了天子，宜臼终于继承了王位，这就是以后的周平王。

　　当周幽王烽火戏诸侯的时候，他以为自己只是开了小小的玩笑，却不知道，涉及国家安全的大事，根本开不得这样的"玩笑"。他在不知不觉中一点儿一点儿摧毁了边疆诸侯们的忠诚和信任，为此付出了极其昂贵的代价。

第二十章

远游仙山多奇遇

——仙山异国

欢迎您选择为时九天八晚的仙山异国豪华旅游路线，这次我们为您精心设计的行程涵盖了《山海经》中著名的大人国、小人国、君子国、无唇（qǐ）国、厌火国、蜮（yù）民国、姑射（yè）国、女子国和丈夫国。

我们将会在行程中见到人参果，据说吃了这种人参果就可以让人长生不老；我们还会见到触氏和蛮氏激烈而奇特的战争，传说这两个小人国的国民血战的地方竟然是在一只蜗牛的触角上。

请您在座位上坐好，前方的时空大门已经开启，我们的旅行也随之正式开始。

第一天　大人国和一节骨头都要一辆车装载的大人

现在，我们来到了东海，前方的山叫波谷山，大人国的大人们就住在这座波谷山上。前方的这个浮在海面上像是小岛一样的东西，是大人国的一个大人驾驶的独木舟。

据说，这些大人是龙的后代，大人们需要在母亲的肚子里待上整整三十六年。等到三十六年以后，大人们才能从母亲的肚子里出来。这些大人一生出来，就是身材魁梧的大人了。除了身材高大以外，这些大人们还能够腾云驾雾，在天上自由自在地前行。

据说大人们的祖先防风氏，一节骨头就需要用整部车子来装载。因为大人过于高大，假如我们站在大人的面前，就会发现自己像是蚂蚁那么渺小。如果我们想要和大人说话，就要从大人的脚下往上飞行，飞到几百层高楼那么高的时候，才能找到大人的耳朵眼。

大人的足迹遍布天上和地狱。天上的大人是守卫着天庭门阙（què）的侍卫，他的力气很大，拔大树就像是我们人类拔草那样轻松。

地狱里的大人是幽都的守门者，他的头上长着一对非常锋利的角，还张开一双血淋淋的大手，去赶逐着幽都里的鬼魂们。

波谷山上有大人们议事的大堂，类似学校里老师们的会议室。我们可以看到，大堂中央有一个大人蹲着，摊开他又长又大的手臂。大人国的大人们会时常在那里聚会，发表自己的见解，讨论大人国的大事。

第二天　蜗牛触角上的小人国

和大人形成鲜明对比的是小人。《庄子》中讲到在蜗牛左边触角上，有一个小人国，叫作触氏；在蜗牛右边触角上还有另一个小人国，叫作蛮氏。这两个小人国的君王，常常为了争夺蜗牛触角上的地盘，打得不可开交。一次征战下来，疆场上死伤无数，血流如河。而战胜的一方追赶失败的一方，这一追赶就是半个多月，这时候才肯班师回朝。这样的小人，可能需要我们在显微镜下才能看到吧！

今天我们来到一个盛产小人的地方——银山。在银山上，有一种会生小孩子的树，这种树就叫女树。

我们若是能够在天蒙蒙亮的时候来到树下，就能看到女树的树枝上生出的小婴孩，小婴孩什么都不穿，也不怕冷。

他们吸吮女树的汁液，就像婴儿吸吮母亲的乳汁一样。这些小婴孩渐渐长大，越来越强壮。白皙的小手和小脚在半空中挥舞着，样子非常可爱。

过了一会儿，太阳出来了。这个时候，女树上的这些小婴孩争先恐后地从女树树枝上爬下来。小婴孩们欢天喜地地在地面上尽情嬉戏、打闹、玩耍，一刻也不停，让人看花了眼。

等到太阳落山，小婴孩们就都隐没在地下，统统不见了。谁也不知道小婴孩们去了什么地方。到了第二天一早，女树树枝上就会生出一批新的婴孩来。

这里的小人叫作"菌人"。"菌人"是吃了使人长生不老的灵药。吴承恩写的《西游记》里就叫这种东西作"人参果"。据说，如果人走在深山里，看见有小人经过，这便是所谓的能够令人长生不老的"肉芝"了，要一把将他们捉住，连皮带骨吞下肚子里去，不久就可以白日登仙，长生不老。

第三天　谦让有礼的君子国

位于东方的君子国，是一个谦让有礼的国度，君子国的国民们拥有君子仁爱的胸怀。

这里的国民们非常注重礼仪。走在君子国的街市上，我们可以看到，君子国国民的衣着非常讲究，国民们头上戴的帽子非常端正，身上穿的衣服也是非常整洁干净。

这里的人不喜欢养猫或者养狗，而喜欢饲养色彩斑斓的大老虎。每个国民都拥有两只大老虎，不是做宠物，而是做他们的仆人。这里的人十分友爱，从来不会吵架。国民们彼此谦让，国民们的仆人老虎也驯良乖巧。

如果要是拍摄《舌尖上的君子国》，那一定要说到木槿（jǐn）花。木槿花是一种树上开的花，有红色的、紫色的，还有白色的。君子国人人都喜欢吃蒸木槿花，蒸木槿花之于君子国的国民，就像是北京烤鸭之于北京人，糖醋排骨之于上海人一样。或许这奇特的饮食真的有奇效，君子国的国民们个个都非常长寿。

在这样一个恪守仁爱教训的国度里，不管是生活还是学习，周围都是谦谦君子，即使是坏人，也会渐渐受到影响，变成与人为善的君子吧。

第四天　可以重生的无䏘国居民

在大荒西北，有一个非常有趣的国度——无䏘国。我们要去拜访那里的居民，就需要跑到山上的洞窟里面去。因为无䏘国的居民平时就居住在洞窟里面。

那么，无䏘到底是什么意思呢？袁珂先生考证认为，"无䏘"就是没有后代的意思。无䏘国的居民们没有后代，也不分男女。

无䏘国的居民们的饮食非常简单。据说，当居民们感觉肚子饿了的时候，有时候只需要张开嘴巴，像我们喝水那样，吃几口美味的空气就饱了；有时候想吃肉了，就跑到河边，去捞几条小鱼来吃下去；还有的时候，如果没有捞到鱼，就干脆在地上抓起一把泥土，放在嘴里当饭吞咽下去。

这里的居民的饮食习惯令人惊奇，更加令人惊讶的是，这个国度的居民们居然还有一项特异功能：复活。

无䏘国的居民们死掉了就被埋在地下，可是，这些居民们的心脏并没有停止跳动。等到一百二十年后，这些埋在地下的居民们又能复活。

复活的居民们从地下爬出来，睁开眼睛，拍拍身上的尘土，看看一百二十年以后的世界。旁边活着的居民也不会害怕，因为大家都知道复活这件事情。

死亡对于无䏌国的居民来说，就像是睡了一场大觉。复活的居民可以继续享受温煦的阳光，清新的空气和甘甜的水，继续做自己喜欢的事情。

无䏌国的居民就这样死而复生，生而复死，周而复始，循环往复。

第五天　喜欢吃火炭的厌火国的居民

告别了具有复活能力的无䏌国的居民，我们来到了位于南方海外的厌火国。

初到厌火国，你可能会对厌火国的臣民们的肤色十分惊奇，这里的臣民都很黑，形态面貌很像猕猴。

当厌火国的臣民们张开嘴往外吐东西的时候，千万记得要远离这些厌火国的臣民们。因为厌火国的臣民们嘴里能吐出来的东西，是一种可以瞬间烧伤人的东西，对了，就是火。

也许能够吐火和厌火国的臣民们平时的饮食有关系，这里的居民既不像君子国的国民喜欢吃蒸木槿花，也不像无䏌国的居民们随便吃些空气和泥巴，而是吃炭石。

厌火国和火结下了不解之缘。不仅这里的臣民喜爱吃炭石，具有吐火的超能力，这里还产有一种名唤"祸斗"

的食火兽，祸斗的形状很像一条毛茸茸的狗。不过，和狗不同的是，祸斗喷火为害，所到之处会发生火灾。

要是能有一个厌火国的朋友该多好，若是星夜到郊外游玩，就不必准备打火机和木柴了，只需要和他打声招呼，随时都可以开篝火晚会了。

第六天　敢吃毒虫的蜮民国国民

蜮民国位于南方海外，这个国度有一种生长在南方山溪中的毒虫"蜮"。"蜮"的形状像团鱼，个子非常小，约有两三寸长。如果是不了解情况的人，很容易吃亏，因为这种毒虫，能够含沙射人。因为它喷出的毒气非常厉害，所以被它射到的人，浑身抽搐，头痛欲裂，轻则生病，重则丧命。

不过，居住在蜮民国的国民，不仅不怕这种令人害怕的毒虫子，反而四处寻找这种阴险恶毒的虫子。因为这里的国民们，非常喜欢享用这种毒虫。蜮民国的国民擅长射蜮。经过一些处理，这些令人恐怖的蜮就变成了非常好吃的佳肴了。

除了这种毒虫，他们还对蛇非常感兴趣，要是在野外遇见了一条蛇，蜮民国的国民们就会掏出弓箭，拉满弓，一箭向着蛇射去。蜮民国的国民会把蛇皮剥掉，再设法去除蛇毒，简单烹饪后，咬里面非常鲜美的蛇肉。

看来，世上没有绝对的东西。在我们看来恐怖的毒虫"蜮"和蛇，在蜮民国的国民看来，却是极好的美味。

第七天　幸福的仙人之国——姑射国

今天我们来到了位于北方海外的姑射国。姑射国处在海上仙岛——列姑射岛上，和蓬莱岛相去不远。

姑射国的人都是仙人。这里的仙人们举止文雅，悠然自得。仙人们的饮食习惯和无膂国的居民们有点儿像，只需要呼吸呼吸海岛上的新鲜空气，喝一点儿草尖上滴落的露水就饱了。

仙人们吸风饮露之后，每天就在海岛上游荡，欣赏蔚蓝色的大海，听着海风的呼啸。

这些仙人们具有长生不死的本领，根本不必担心死亡和疾病，可以长久地享受着这有些单调的日子。

第八天　女子国和奇妙的黄池水

女子国同样在北方海外。在女子国，所有的国民都是女子，大街小巷里面一个成年的男子也没有。

没有成年的男子，女子国的国民是如何繁育后代的呢？原来，女子国成年的女子会跑到黄池里面洗澡。这个黄池和《西游记》中女儿国的子母河相似，子母河的河水会让喝水的唐僧师徒怀孕，而女子国的黄池水，可以让洗澡的女子怀孕。

怀孕的女子回到家中，十个月之后，她的婴儿呱呱坠地。如果生出的是男孩子，这个男孩子活不过三岁，便会死掉；如果是女孩子，这个女孩子就平平安安长大成人。

等这个女孩子成年了，她也将和自己的母亲一样，跑到黄池里面去洗澡。

第九天　丈夫国里能够生孩子的男子们

丈夫国和女子国一样，都位于北方海外。丈夫国这里的情况和女子国恰好相反，走进丈夫国，就会发现，丈夫国的子民都为男子。

丈夫国男子的祖先们是在殷朝时来到这里的，他们来自同一个国家，这个国家的国君叫作太戊。有一天，国君太戊派遣手下王孟去寻找不死之药。王孟接到了王命，就点了自己手下的干将，想要找到西王母，寻求不死之药。

没想到，王孟带领着这一队人马走到了半路，却发现粮食已经没有了，这样一来，兵士们无法前进，只好住在这里，自成一国，即丈夫国。因为丈夫国内没有女性，所以这个国度的男子们一辈子都是单身。

可是，丈夫国的男子们却能够生儿子。据说，丈夫国的子民们都可以生两个儿子。这是怎么回事呢？原来，男子们可以从自己的形体中生出来两个模模糊糊的影子，薄薄的影子乍一出来，还是很弱小的。

随着时间的推移，分化出来的两个影子渐渐凝成男婴的形体，渐渐丰盈充实，渐渐强健有力。而生出儿子的男子，却越来越虚弱，直至死去。

丈夫国是此次行程的最后一个景点，却是我们阅读的起点。

这些仙山异国的奇特故事，只是《山海经》的冰山一角。在《山海经》中，还有许许多多著名的仙山异国，比如轩辕国、白民国、结胸国、交胫国、长臂国、黑齿国等，还有更多有意思的故事等着我们去阅读呢。

第二十一章

复仇少年与黑衣侠士

——眉间尺的复仇

同学们，当你们看到霸道的同学欺负老实的同学，看到被欺负的同学痛苦的模样时，会不会很希望天上能降临一个惩恶扬善的超人，帮助那个被欺负的同学呢？这一章，我们讲的故事和主持正义有关。

夏夜的热气还没有退去，楚国王宫依旧热如蒸笼。王妃纳凉时，抱了一根铁柱。肌肤和铁柱接触的刹那，王妃便觉得沁凉异常，心有所感。

十个月之后的一天，宫人们匆忙地捧着水盆等物品走来走去，王妃竟然产下了一块铁。宫人步履匆忙，赶紧把这个消息告诉焦急的楚王。

楚王向来好猜忌，为人又十分残忍，常为小事大动干戈。宫人十分担心，自己若是应答有误，弄不好便会人头落地。宫人暗暗筹谋，早已把王妃抱柱感孕的事情经过准备得天衣无缝。

楚王得知这是王妃抱柱而生的一块神铁，大喜。他打算用王妃生的这块神铁，铸造成一把宝剑——一把举世无双的宝剑。

而在王宫外的铸剑师干将和妻子莫邪，此刻却不知道，两个人的命运即将因此改变。

干将和莫邪是楚国赫赫有名的铸剑师，两人的铸剑术臻于完善，到达了出神入化的地步。

楚王把这块神铁郑重地交给了干将和莫邪，命夫妻俩铸出一把绝世好剑，足以称霸天下的宝剑。

干将和莫邪捧着这块神铁回到家，这铁块色泽纯青接近透明，质地又坚硬异常，捧在手中时，让人觉得寒气森森，确实是宝物。

夫妻俩架起火炉，装好风箱，点燃熊熊的火焰，要把这块神铁融化成铁水，再把熔化的铁水铸成雌雄两把剑。经过接连不断的敲打与打磨，方能打造出锋利无比、所向披靡的利刃。

夫妇二人铸造了整整三年，雌雄宝剑终于铸成了。

炉盖开启，居然能感到天地摇晃，干将和莫邪听到炉膛壁的微小破裂声，看到那热滚滚的炉膛升腾出白色的蒸汽，蒸汽发出呲呲声，顺着炉膛口，蒸腾变化着，缓缓地往上升，只升到半空，便渐渐散开。干将和莫邪目不转睛地盯着漆黑的炉膛，炉膛里面，躺着两柄通红的宝剑。

干将打来清晨第一次汲取的井水，把那清凉透亮的井水慢慢地滴下去，那两把火红的宝剑发出嘶嘶声，宝剑的颜色慢慢由通红变成青色了。

等到宝剑完全冷却，干将的眼睛闪着欢喜的光芒，他取出这绝世的宝剑，细细拂拭着。那雌雄剑纯青透明，剑芒锋利，寒意逼人，如秋水，似寒冰。

这雌雄双剑切削其他利刃就如同切泥块一样轻而易举；若是把一根头发丝放在宝剑跟前，只要轻轻一吹，头发丝便立刻被剑刃削为两截。后人用"削铁如泥"和"吹毛利刃"来形容宝剑的锋利。

干将和莫邪用他们自己的名字为宝剑取名，雄剑叫干将，雌剑叫莫邪。然后，干将将那两把宝剑分装在两个匣子里。

这是干将和莫邪一生中铸造的最好的一对宝剑。此时，莫邪也怀有身孕，双喜临门，照理说干将应该欢天喜地才对，可是，干将却是心事重重的样子。

干将放好了宝剑，人却显得苍老许多，他的脸上堆积了愁苦的皱纹。到第二天，他必须把宝剑献给楚王了。

干将怜爱地看着莫邪，忍住悲痛说："莫邪，献剑的这一天，也将是我命尽的日子，明日一别，恐怕是我们的永别了。"

莫邪心下一惊，凝视干将的眼睛，竟然愣住了，半晌才问："你怎么了？难道说，我们立了大功，大王反而会要我们的命吗？"

干将仰天长叹，用沉着冷静的声音说："大王是一个猜疑心重的人，虽然我们这一次为他铸造了世间举世无双的宝剑，可是，他担心我们帮助他铸完剑之后，再去帮别的人铸剑。万一别人的宝剑足以和他的宝剑匹敌，或者是更胜一筹呢？"

莫邪认真地听着，干将继续说："为了免除后患，依照大王残忍的性格，一定会找个理由，把我杀掉。这样，他的宝剑就能所向披靡，他也可以高枕无忧了。我若不死，他不会罢休。"

炉膛的火已经灭了，干将和莫邪夫妻对坐，小小的屋子却让人喘不过气来。只有干将沉重的声音回响在屋里。

莫邪哽咽着，紧紧握住干将的手，说："大王赏赐也好，怪罪也罢，咱们统统不要……我们……远走高飞，逃到一个没有人认识我们的地方，远离这些是非吧！"

干将紧紧抱住莫邪，为她擦去眼泪，过了半晌，才说："这是铸剑师们的悲惨命运，天下虽大，一旦被大王决心除掉，不论是被迫流落他乡，还是不得不隐藏在深山，少有侥幸逃脱者。以大王的残暴，必然要斩草除根，我们恐怕插翅难飞。"

莫邪抬头望着干将的眼睛，柔声道："那你有什么打算呢？"

干将的眼睛看着前方，并不看莫邪，一字一顿地决绝说道："为了保你和孩子的周全，明日我会去为大王献上雌剑，若是我明天真的一去不复返，那就是说我已经不在人世了。"

莫邪没有哭，她的眼睛闪烁着刚毅的光芒，干将继续说："我把雄剑藏在南山上。我死之后，你若生下是个女孩儿，不要将我的死因告诉她，让她一生健康平安；倘若生下是个男孩儿，好好抚养他，将他养大成人。到他长大，你就告诉他，走出家门看到南山，有一棵松树生长在一块巨石上，我留下的雄剑就藏在那里。"

干将轻轻地抚摸莫邪的肚子，无限怜爱地说："让我们的儿子，提着这一口更为锋利的雄剑，为我报仇。此生此世，能与你相濡以沫，互敬互爱，我一生无悔。"

当天晚上，夫妻两人相顾无言，虽默然相对，仍感受到对方的脉脉深情。

第二天，莫邪守在家中，坐卧不宁地等待丈夫归来。她听闻门外有响动，当即奔出屋来。可惜，每一次都并非干将，莫邪一次次失望而返。

一直到月上中天，干将还没有回来。

莫邪呆呆地立在空荡荡的房中，不肯合目休息片刻，生怕错过了丈夫归来的时刻。可是，那无情的月亮落下，第二天的太阳从东方冉冉升起，她才知道，这一天算是过完了。

干将没有再回来，挺着大肚子的莫邪四处打听，隐约得到的消息是楚王借口铸剑速度太慢，当即处死了干将。

虽然已经料到了这样的结果，但是，莫邪总是不愿意相信事情会走向最坏的结局。当噩耗真的传来的瞬间，莫邪还是如坠冰窖，痛彻骨髓。

几个月后，莫邪孤独地在小屋子里生产了，她在痛苦中分娩了一个男婴。婴儿很轻很小，挥舞着小小的拳头，在莫邪的怀里啼哭着。

干将，我们的儿子终于出生了。放心吧，他会带着你留下的那一柄更为锋利的雄剑，为你复仇。

干将和莫邪的孩子，因为两眉梢的距离有一尺宽，所以人家叫他眉间尺。

可是，因为没有爹爹，年龄很小的眉间尺常被其他孩子欺负。几个调皮捣蛋的孩子围着他，不知道是谁起的哄，非说他是没有爹爹的"野种"。

眉间尺哭着跑去问母亲："娘，我的爹爹在哪里呀？我要爹爹——我要爹爹——"

莫邪忍住悲痛，强作欢颜地安慰儿子："孩子，你爹爹出了远门，要很久以后才能回来。"

眉间尺很孝顺，看到母亲难过的样子，便不再追问，只是默默等待着父亲回家的日子。

转眼间，眉间尺已经长成了十四五岁的少年，当他再一次被那些坏孩子嘲笑，多年的压抑、疑问、痛苦统统爆发出来。

他气愤地跑到莫邪面前，一叠声问："娘，我爹爹到底去了什么地方？为什么这么多年，连一封信也没有发来过？他为什么不回来？"

莫邪终于等到了这一刻，眼前的儿子虽然稚气未脱尽，可那魁梧的身形和坚毅的模样，那一往无前的勇气和气概，已经让人感觉他真的长大了。

莫邪没有立刻说话，她在整理自己的思绪，往事并不如烟，这些痛苦的记忆，她曾经深深封存在一个匣子里面。如今，她要说出来，让儿子知道。

"孩子，你好好听着，今天，我要把你爹爹的一切都告诉你。他本是楚国有名的铸剑师，为楚王铸了一对举世无双的宝剑。可是，楚王担心他再去为别人铸剑，所以就杀了他。他临行前，曾嘱咐我，要把你抚养成人，带着雄剑，去为他报仇。"

眉间尺走出家门，按照母亲的话，经过一番波折之后，找到了剑匣。

剑匣打开，那一把埋藏了十多年的宝剑出现在眉间尺的面前，天上的明月黯然失色，那雄剑发出融融的青光，凛凛的寒气。它是他含冤的父亲留给他的，他要用这把珍贵的宝剑为父亲报仇。

眉间尺从出生起就未能见到父亲，却在一天之中得知父亲含冤而终，要肩负为父亲复仇的重任，仿佛一夜之间，这个善良稚气的少年，就长大了。

辞别了母亲，带上干粮，眉间尺毅然背上雄剑赶赴楚国国都。

那一天夜里，楚王突然从睡梦中惊醒，额头的汗水涔涔而下。他捂着胸口，回想起刚才的噩梦：他在巡游时，突然从人群中闯出来一个宽额头的刺客。

这个刺客两眉梢之间距离大约有一尺，杀气腾腾地冲过来，拿着一把明晃晃的宝剑来找他报仇，说是要替父亲报仇，剑锋迎面刺来，楚王来不及说话，身体却动弹不得。眼看就要丧命剑下，这一着急，僵硬的身体终于恢复了行动自由，声音从喉咙中出来的同时，他就醒了。

眉间尺马不停蹄地赶路，一路上风餐露宿。这一日，他终于抵达了楚国国都。

国都人烟阜盛，一幅太平繁荣的景象。几个官兵在墙上张贴榜文，原来是悬赏千金的告示，几个人围着告示指手画脚。眉间尺也随着人群往前拥，原来那是捉拿自己的榜文。

榜文上说，只要能够拿着图上人的人头和宝剑，便可获得千金的奖赏。

榜文上画了一个两眉梢之间距离大约有一尺的男子，背负着一把寒如秋水的宝剑。

蛮横霸道的士兵们吵吵嚷嚷地四处捉人了，旁人还好，眉间尺忐忑不安地压低了帽子，趁乱跑到了深山里躲藏。

年轻的眉间尺不知如何是好，这样一个稚嫩善良的少年，因为一出生便背负血海深仇，不得不和暴虐的楚王对抗。虽然父亲留下了雄剑，可是自己根本无法接近仇敌。若是强行行刺，自己几无胜算，爹爹的冤仇，就要永远无法报了。

山中鹧鸪声声，如人叹息。眼看天要黑下去，无边的黑暗笼罩着眉间尺。眉间尺虽然年纪轻轻，却个性坚毅，从不轻易落泪。可是此时此景，不禁悲从中来，他忍不住伏在山脚下，凄凄切切地哭了起来，眼泪和鼻涕不争气地流出来。

那哭声回响在空寂的山中，不知过了多长时间，不知何时，眉间尺的身后无声无息地立着一个身材细长的黑衣人。

黑衣人问："你是谁？为什么要在这里哭泣？"

眉间尺道："我是干将和莫邪的儿子。我爹爹被楚王杀害，我要为爹爹报仇，却没有机会。"

黑衣人说："楚王悬赏千金，想要你项上的脑袋和背上的宝剑。如今敌强我弱，你凭借一人之力，绝难复仇。如果你肯把你的头颅和这把宝剑交给我，我自有办法替你报仇。"

眉间尺注视着黑衣人的眼睛，那黑衣人的身影融化在黑暗中，唯有一双灼灼发亮的眼睛看得清楚。

眉间尺道："多谢侠士成全！"便从背上一把抽出那柄宝剑，就势自刎。无头的眉间尺一手捧头，一手捧剑，一起交给面前的黑衣人。

眉间尺的身体还立在那里，似有不舍，竟然不肯倒下。黑衣人对眉间尺屹立不倒的尸身拜了几拜，说："好！放心吧，我定不辜负诺言，必定完成你的嘱托。"

眉间尺的身躯得到了这承诺，仿佛得到了安慰似的，缓缓软倒。黑衣人把眉间尺好好安葬了，这才提着眉间尺的头和宝剑去见楚王。

楚王端坐在高大的宫殿上方，黑衣人恭恭敬敬地站在下面，偌大的宫殿，却安静无比，两旁的人们，没有一个人敢大声喘气。

黑衣人说："这就是刺客的头，为了避免他成精作怪，请大王在热水锅中烧煮它，直到肉烂为止。"

楚王向来自私残暴，为了一己私利不择手段，当即下令用一口大锅烧煮眉间尺的头颅。不料，这头颅三天三夜都不烂。

楚王大发雷霆，黑衣人拱拱手，说："大王不必心焦，我有一个计策。请大王靠近察看他，这样的话，头必然会烂。"

楚王听了黑衣人的话，就走到热锅旁边，眉间尺的头忽然跳出热水，睁开眼睛，刹那间，四目相对，楚王有似曾相识的感觉。

在楚王恍惚之时，一旁的黑衣人突然以迅雷不及掩耳之势，用剑砍掉了楚王的头颅，楚王的头颅旋即坠入热水之中。眉间尺的头立刻咬住了楚王的耳朵，两个头颅你咬我躲，厮杀得难解难分。

楚王老奸巨猾，眉间尺吃了不少亏。这时候，黑衣人把自己的头颅也割下，去帮眉间尺斗楚王。三个头颅在锅里乱作一团。在两面夹击之下，楚王连连呼痛，挣扎几下，终于停滞不动，缓缓沉入水底。

黑衣人和眉间尺相视一笑，也仰面沉入水中。

三个头颅被煮得稀烂，人们完全分辨不出哪个是楚王的头颅，就把三个头颅一并安葬了，这就是后世有名的"三王墓"。

第二十二章

坚固雄伟的长城为何坍塌

——孟姜女哭长城

有的时候，男孩子总是嘲笑女孩子，说女孩子爱哭，没有男孩子坚强。可是，历史上就有这么一位女性，居然"哭倒"了万里长城。

故事还要从秦始皇说起。为了防备胡人的侵略，秦始皇下圣旨，征八十万民夫到北方，去修筑一道万里长城。

千家万户的壮丁被抓走，被征的民夫统统有去无返，街头巷尾都是强拉壮丁的士兵，被征壮丁的人家门户大开，分离的哭声直冲云霄。

一时间，征夫之事吵得沸沸扬扬，人们个个惶惶不安，担心大祸临头。苏州有个文弱的书生，名叫万喜良。万喜良听说征兵之事，吓得心惊胆战。思忖再三，万喜良连夜整理行装，辞别父母，悄悄到远方避难去了。

这一天，万喜良来到了松江府。没想到此刻松江府的官差也在闹嚷嚷地四处抓壮丁。

"那儿有一个，快点！"

"喂，站住！"

"抓住他！"

大路上灰尘飞扬，一个年轻男子不顾一切地往前飞奔，差点儿撞到万喜良。那人回头看一眼，发现一脸横肉的官差正骑马追来，这一着急，没顾上脚下，被石子绊了一下，身子前倾，重重摔倒，便连滚带爬，未及起身，却早被官差一把抓住衣领。

"跑？往哪里跑？"官差一脸得意。

万喜良看得心惊胆战，不敢走大路，只溜着墙根走。刚要去巷口，却迅速收回自己要迈出去的脚。原来，眼前是另一队正在抓壮丁的官差。差点儿自投罗网！万喜良慢慢退回去。

只听官差道："我们来这边看看！"

不好！官差的马蹄声渐行渐近，这边的官差要过来了！万喜良前有围堵，后有追兵，眼看就要如同瓮中之鳖，被对方擒到！

已无出路！万喜良往后一退，碰到了一对门环，原来，路旁就是庄院。只见翠竹森森，摇曳绿袖，似乎是一个花园。万喜良一咬牙，也顾不得形象，三下两下，就赶紧沿着短墙，一骨碌爬进了庄园。

庄园里仿佛是另一个世界，一阵风吹来，树叶沙沙作响。他蜷缩在一棵树下，耳边依稀能听到墙外官兵的喊声和杂沓的马蹄声，那声音渐渐小了，心情才逐渐安宁下来。等到周围安静下来，他才发觉自己因为长期保持一个紧张的姿势，身体发麻了。

这是哪儿？万喜良眼前是一座修竹森森、花影浮动的庄园。万喜良想要离开庄园，便站起身来，却听到声响，来人了。一个亭亭玉立的姑娘的身影映入他的眼帘，那窈窕的姑娘，拿着一把白团扇，从池塘那边走过来，边走边扑蝴蝶，脸上撑着不笑，眼睛却满是盈盈笑意。

　　眼看那蝴蝶蹁跹，忽高忽低，那姑娘蹑手蹑脚地跟着蝴蝶。那蝴蝶飞飞停停，把姑娘带到了池边。

　　蝴蝶终于停在池边，姑娘欣喜若狂，连忙举起团扇，作势要扑下。眼见蝴蝶被扣住了，忽然，姑娘脚底一滑，她周边的景物飞快颠倒过来，带着腥气的池水灌到口鼻中。原来，姑娘一个不留神，失足跌落池中。"啊！救命——救命——"

　　在姑娘的惊呼和求救声中，万喜良急忙跳出藏身之处，跑到池边，姑娘的手无力地挥舞着。

　　万喜良连忙抓住姑娘的双手，把姑娘拖到池边草地上，任姑娘自己渐渐吐出些池水。这位姑娘就是孟姜女。孟姜女虽然身在闺中，却也对秦始皇一直不停地抓壮丁去修建长城的事情有所耳闻。

　　她约略知道被抓去的壮丁，十有八九会有去无回。万喜良请求她不要将自己告发给官府，孟姜女的家人得知万喜良的遭遇后，便让万喜良在家里住了下来。

　　万喜良很感动，他本来就是一个善良勤劳的男子，在姜家生活的时候，挑水、劈柴、耕作等家务，样样都抢着做。在相处的日子里，万喜良与孟姜女渐渐对对方产生了爱慕之情。

　　万喜良感激姜家对自己的恩德，喜欢孟姜女的贤惠体贴。孟姜女不求万喜良带给自己富贵的生活，只希望他能够和自己举案齐眉，长相厮守。

孟姜女的家人也十分喜爱万喜良，决定把孟姜女嫁给万喜良。可是，成亲还不到三天，在孟姜女对镜梳妆的时候，一群官差手执绳索和锁链，突然闯进家门。

万喜良吓得瑟瑟发抖，连忙跑到柴房，躲在柴房的柴火里面。如狼似虎的官差们像一阵疾风，气势汹汹地搜寻着，孟姜女看得胆战心惊。

"这里没有！"

"这里没有！"

"就差那间柴房了！"

孟姜女知道万喜良就在那里，一颗心简直要跳出来了。光线不好的柴房里，几个凶神恶煞的官差在四处查看。官差们看到墙角的那一堆柴火在抖动。

"有了！那儿呢！"

"抓住他！"

"还想跑？捆上带走。"

几个官差七手八脚地将万喜良双手捆绑起来，担心他半路逃跑，又拿铁链把万喜良的双脚锁起来。

万喜良被粗暴地推搡着，看到了一旁泪水涟涟的新婚妻子，两个人目光相对，无尽的言语，一时涌上心头，却一句话也说不出来。

两人都知道此去必然是凶多吉少，官差却只顾着往前推着万喜良。"差不多就行了，快点儿！快点儿！"

万喜良被推出房屋，回头喊道："娘子，娘子，此去不知结果如何，千万莫要为我耽误青春年华，若是有良配，可另行择配。"

孟姜女泪如雨下，心疼地看着无辜的丈夫被强行征走，只不停地说："早点儿回家，我等你，等你……"

万喜良这一走，一点儿音信也没有。孟姜女想到夫君被强行带走的情形，联想到那些可怕的说法，心如刀绞。

孟姜女痴痴等了半年多，万喜良还是杳无音信。春去秋来，已是到了十月，北风渐起，芦花一片白茫茫，想到远在他乡的丈夫依旧身着单衣，孟姜女便穿针引线，用新棉为丈夫做了厚实的寒衣。针尖能挑出丝线，却挑不出心中担忧；快剪能剪断乱线，却剪不断跨越万里的思念。孟姜女一针一线，分明是用心血在做。

寒衣做好，孟姜女想无论如何，都要为丈夫送去寒衣。她简单整理了一些衣物，收拾些银两，背上寒衣，踏上了旅程。

孟姜女边走边问，她从来没有独自出过远门。前面既有波涛滚滚的大河，又有险峻壮丽的高山，孟姜女沿路奔波，一路劳顿。到了夜间，孟姜女只好借宿在陌生的居所，不免有些恐惧。在极度劳累中，她眼前恍惚有夫君的模样，就这样安心地睡着了。

孟姜女心如磐石，不甘心半途而废。哪怕前面是刀山火海，哪怕前面是龙潭虎穴，也要走下去。她终于临近长城地界。孟姜女长长舒了一口气，她擦擦额头上的汗水，不停地走在路上，双脚因为连日奔波，已经胀痛起来。

孟姜女站在山脚下往上看，深秋的长城巍峨雄壮，宛如一条蜿蜒的龙，随着山岭的高低而起伏。秋虫低吟，白霜满地。烽火台两旁是经霜染红的叶子，红得极好看。

可是，孟姜女无心欣赏这美景，她牵挂着夫君的生死。未完工的长城段，尽是那些被强行征来的劳工。那些修建长城的劳工，和丈夫年龄相仿，均是穿着寒酸的单衣，已经累得不成人样，一样的灰头土脸，一样的骨瘦如柴。

劳工们从天明到黄昏，在城墙上下忙碌着，他们需要把沉重的砖石举起来，弓着身子艰难地向山上爬，腰仿佛已快被重石折断，动作慢一点，后面的皮鞭便刷刷刷抽过来。有人被砖石压得摔倒，而那些监工们却嘴巴里骂骂咧咧，伸手就给他几下皮鞭。

孟姜女沿着长城往前行，在劳工中仔仔细细地寻找，却是一无所获。

因为心中充满着焦灼和不安，她加紧脚步，且行且问。那些饱受苦难的人们面无表情，机械地摇摇头，都不知道万喜良的下落。

她看到有一个指挥众人的工头，便跑过去问工头。

工头搔搔头，定了定神看着孟姜女说："你是问那个从苏州来的万喜良吗？"

孟姜女心中燃起一丝希望，连连点头。

工头继续说："那就是了，你一定是他的妻子孟姜女吧！这个小伙子怪和善的，和这么多莽夫在一起，却还是那么一副温文尔雅的样子。他啊，是一个书生，身子单薄，整天背这些重石头，天天又吃不饱，穿不暖，动辄就是被一顿好打！可惜，可惜……"

孟姜女听出话外有音，紧紧注视着工头的表情。

工头摇摇头，说："你来晚了。他大概在三个月以前走的，那时候我们看到他一天比一天瘦下去，就都知道他病了。可惜，哪里能给他寻来大夫？就这样拖着，他就不行了。我听闻累死病死的劳工数不胜数，他们的尸骨就被填筑在长城里面。等我来到这里修建长城，竟然发现这是真的。"

长城上面，有无数人影晃动。孟姜女突然感觉天旋地转，身体晃了几晃，差点儿倒下。

孟姜女对着苍天长叹一声："夫君，夫君，你怎么竟撒手去了？"想到夫君万喜良临行时的深情目光，想到从此以后天人永隔，想到自己无夫无子的下半生，想到这无情长城里掩埋着自己夫君的尸骨，这些念头如同潮水纷纷涌来。孟姜女一时间有些恍惚，不知道自己身在何处。她的手摸到了一个软软的物件，她往下一看，原来是自己为夫君缝制的柔软暖和的冬衣。

孟姜女心里酸痛，不知不觉就走到了长城脚下，心里十分难过。四野卷起风沙，那绵延千里的长城啊，何处埋藏着她可怜夫君的尸骨呢？她一遍又一遍地呼唤丈夫的名字，却得不到回应，孟姜女像一个小孩子一样，不知所措地呆立着。

她以手抚心，如鲠在喉，伤心的眼泪夺眶而出，那哭声传到被北风吹得颤抖的枯叶上，又传到那灰蒙蒙的天上。她的哭声悲切，天地闻之风云变幻，众人听到纷纷落泪。不知道哭了多少时候，人们突然听到惊天动地一声响，众人齐刷刷看去，啊，原来是那已经建好的八百里长城，一下子就坍塌了。

顿时泥块和砖石齐飞，重重砸到较低洼的地方。烟尘四起，一片狼藉。

再一看，长城断壁残垣之间，露出扭曲的白骨。不知道究竟有多少男儿被埋长城下，只知道这些森森白骨，都是被翘首盼望的"春闺梦里人"啊！因为秦始皇的暴政，使得不知道多少夫妻不能团圆，多少白发人送黑发人。

孟姜女擦擦眼泪，越过那些乱石，仔细辨识这些白骨，想从其中找到夫君的白骨。可是，昔日的亲密爱人如今已经是一把白骨，如何寻到呢？

孟姜女心如刀绞，她心里想：夫君啊，若是你的尸骨，我的血就浸入骨头里；若不是，就让血流向别处。她用牙齿咬破自己的手指，手指头上沁出鲜红的血滴。孟姜女把血滴在白骨上。最先滴血的那一副白骨，血只是流到一旁，孟姜女失望地垂下头，转身试探另一副白骨。第二滴血，依旧是流向别处，指尖的疼痛不能让孟姜女死心，她继续试着。

忽然，血滴到了一具白骨上以后，并不流向别处，而是一直深深浸入白骨里。孟姜女身子一震，莫非这就是自己夫君的骸骨吗？

孟姜女又滴下几滴血，那殷红的鲜血又全部浸入白骨中，没有一滴流出。

孟姜女知道这就是丈夫万喜良的尸骨了，她轻轻抱起尸骨，呜呜咽咽又哭了一场。这才打开包袱，把丈夫的骸骨收拾好。

有人说，孟姜女背好包袱，带着丈夫的骸骨回家安葬了；有人说，孟姜女正赶上秦始皇的銮驾，秦始皇看中孟姜女，想要纳其为妃子，孟姜女却用计让秦始皇为万喜良披麻戴孝，之后她跳江自尽；还有人说，孟姜女得到了神仙的帮助，让万喜良死而复生了。

第二十三章

天上掉下个仙女

——牛郎织女

有人说，七夕是中国的情人节，这是为什么呢？原来，这和我们这一章讲的故事有关系。读完故事，你就会明白为何七夕被称作中国的情人节了。

据说，在遥远的天上，住着王母娘娘的外孙女——织女。我们每天看到的那些美丽多姿的云彩，就是织女和她的姐妹们在织布机上织出来的。

织女和姐妹们把那些有好看颜色的丝线，织进去，再给蔚蓝的天空披挂上，就像是给人类穿衣服那样，所以，人们又把织女和她的姐妹们织就的云彩叫作"天衣"。

人们一抬头就能看见云彩。看！那无拘无束的云啊，有的浓重厚实如冬日的棉被；有的淡薄飘逸似少女的轻纱；有的低矮缓慢，好像马上就要降落到楼顶上；有的高远急迫，宛如一群被驱赶着奔跑着的雪白羊群。

晚霞的颜色最是艳丽。在宁静悠闲的傍晚，看西方的晚霞，或是一层金黄，或是一抹深红，或是一痕西瓜红，或是一团葡萄紫，或是一丝芦花白，有时候还镶着一圈细细的金边。

夏日的白云则是一派淡然纯净。那大块大块的白色云朵，如层层堆积的棉花，连绵不绝。这些白云，白如雪，轻似羽，只管悠悠然，悠悠然地飘过。

织女所在的天界和凡间隔着一条闪亮的银河。银河下面，可以看到万家灯火，王母娘娘喜欢把天空装点得热闹漂亮，需要很多彩云，就让仙女们日夜不停地织着天衣。凡人羡慕天庭的仙人长生不老，可是，这样没有自由的日子又有什么乐趣呢？织女很想去凡间看看，看看凡间的生活是什么样子的。

那些凡间的人们，各自有各自的故事。其中，有一个牧牛的年轻人，人们都叫他"牛郎"。牛郎的父母在牛郎很小的时候就去世了，哥哥和嫂子觉得牛郎是自己的拖累，十分不喜欢他。所以，年幼的牛郎常常受到哥哥和嫂子的欺压和虐待，牛郎不敢反抗，只好每天多干活，希望少受些责骂。

家里给他温暖的是一头老牛，牛郎给老牛喂最好的草料，把牛棚打理得干干净净，等到老牛耕地的时候，他也舍不得用鞭子抽打它。老牛总是用大大的眼睛看着牛郎，喜欢摇着尾巴跟在牛郎身后。

牛郎的隐忍并没有换来哥哥和嫂子的接纳，这对夫妻干脆把牛郎赶出了家门，要牛郎自立门户。贪婪的哥哥和嫂子想要把房子、田地、牲口和农具都占为己有，牛郎想了想，说："这些财产我都不要，我只要那一头老牛。"哥哥说："那头牛很能干，家里的田地都是靠它来耕作……"嫂子飞速地盘算了一下，老牛干不了重活儿，还不如做个顺水人情，送给牛郎，免得牛郎提出别的要求。嫂子便一口打断哥哥的话，说："既然你开口要它，我们就吃点亏，把它让给你吧。"

牛郎就带着老牛离开了家。没有房子，他就在荒野地上建造房子；没有田地，他就斩棘开垦，自己耕田。

他营建的小屋简陋却温暖，食物粗粝却温热。牛郎终于有了属于自己的家。然而，冷清的家里只有他一个人，连一个说话的人也没有，他非常孤单，看起来，牛郎似乎要孤独终老了。

牛郎没想到奇迹会发生在自己的身上。

这一天，老牛忽然张开牛嘴，说出一席人话："牛郎，我是你的老牛。你不要惊讶，我不是一般的牛，我能听到天界的消息，也知道凡间的人情。"

牛郎惊讶地张大了嘴巴，半晌才说，"原来你会说人话……"

老牛说："听我说，你也长成小伙子了，到了谈婚论嫁的年龄。我看你不能总是这样拖下去了。明天傍晚，会有七个美貌无比的姑娘来到河里洗澡，她们不是凡人，而是天上的七个仙女。你千万要记住，先悄悄抱走其中一件衣服，那个被抱走衣服的仙女只能留下来，做你的妻子。"说罢，老牛又扭过头继续吃草。

牛郎听呆了，傻傻地点点头，自己拧拧自己的脸，疼得直咧嘴，他才相信这不是做梦。

第二天，牛郎按照老牛的嘱咐，悄悄藏到河岸的芦苇丛里，这一天的晚霞特别好看，像是一件新年的花棉袄一样绚丽。一阵风过，芦苇丛中露出牛郎的侧脸，牛郎竖起耳朵听着，感觉自己的心激动地跳着。

趁着王母娘娘贪杯沉醉的机会，仙女们飞到凡间。她们嬉笑着飞过层峦起伏的山脉，看见散落如扣子大小的高矮错落的房屋，又看到那可爱轻柔、清可见底的湖水。想来湖水定是十分清凉，她们就轻轻巧巧落在水边，准备戏水。

牛郎听到一阵喧闹的欢笑声传来，看见七个美貌的女子纷纷从天而降，仙袂飘飘，袅袅婷婷。有的说："姐姐你快点儿。"有的说："我们还是早些回去吧，免得王母生气。"有的说："怕什么，王母喝的是千年的美酒，一时半刻醒不来的。"有的说："弄脏了衣服可不是好玩的。"有的说："那就脱掉，反正这里也没有人。"大家七嘴八舌地说着。

牛郎赶紧把身体压得更低了，生怕自己被发现。

只听见一个活泼可爱的声音说："我先跳下去啦！"紧接着，"扑通"一声。原来率先脱下轻罗衣裳的仙女，纵身跃入湖中，湖水顿时泛起一圈圈涟漪。

等到牛郎听到最后一位仙女跳下去的"扑通"声，他急忙从芦苇里跑出来，从岸边捡起一件青罗衣裳，把衣服抱在怀中。

不好！有人。牛郎的脚步声惊动了正在水中嬉戏的仙女们，仙女们吓坏了。六位仙女赶紧从水中跃出，匆忙穿上衣裳，像受惊的飞鸟一样飞走了。

河里就只剩下那个没有衣裳、没有办法逃走的仙女——织女。眼睁睁看着她的姐妹们都走了，织女又急又慌，只是不停地说："我的衣裳呢？谁拿了我的衣裳？"

牛郎赶紧跑过来，对织女说："你不要着急，你的衣裳在我这里。你只要答应做我的妻子，我就还给你衣裳。"织女用湿漉漉的头发遮挡住自己的胸脯，心扑通扑通跳个不停，她的喘息有点儿急促，她的脸像是包着火一样红。织女不知道人间的生活是怎样的，可是，眼前这个淳朴勇敢的小伙子的眼神打动了她。

织女含羞地点了点头，牛郎高兴极了。就这样，牛郎和织女就真的做了夫妻。

结婚以后，牛郎和织女相亲相爱。牛郎在田地里耕地，织女在家里织布，牛郎不再是孤孤单单一个人，织女也不必每天对着机杼，虽然日子平平淡淡，但是，两人却感觉十分幸福。

不久以后，织女为牛郎生下了一个儿子和一个女儿，儿子叫作金童，女儿就叫作玉女。

夫妻俩恩恩爱爱，发誓要白头到老。

金童、玉女到了咿呀学语的时候，织女就在门口，一边等着牛郎回家，一边给孩子们讲述天庭的故事。

金童睁大眼睛，说："娘亲，娘亲，我想去天上看看。"玉女拍着小手，也急忙说："哥哥去，我也去。"

织女抱住孩子们，说："那里宫殿虽然华丽，却不如我们自己的家啊。"

兄妹俩懵懵懂懂地听着，也不放在心上，很快就相互追逐玩耍，样子十分可爱。织女觉得这个时刻，自己非常幸福。

六位仙女惊惶地逃回天庭，却发现织女不见了。王母娘娘得知了仙女们溜到人间洗澡的事，火冒三丈，就干脆把仙女们关起来。

王母娘娘最恨的是织女，她胆大包天，居然留在人间，还结了婚，生了孩子！这样辱没门风的事情，织女都做出来了。是可忍，孰不可忍！她发誓要把织女捉回来。

王母娘娘这一次亲自出马，她跑到牛郎家里，牛郎并不在家，而是在田地里干活。家里只有织女和金童、玉女。王母娘娘不管三七二十一，一把推开两个孩子，也不说话，气冲冲地抓起正在织布的织女，就往外走。

金童、玉女被王母娘娘这一推，往后退了两步，没有站住，就先后倒在地上，哭喊着叫娘亲。

织女知道自己此刻毫无反抗之力，她早知道会有这一天，只是没有想到这一天来得如此之快。她忍住悲愤，嘱咐说："好孩子，好好听爹爹的话。娘亲，娘亲走了……"

等到牛郎回到家，却没有像往常一样闻到饭菜香味。金童和玉女身上沾着泥土，脸上带着泪痕坐在门前，走进家里，只见机杼上有半截未织完的布匹。

孩子们告诉牛郎，有一个凶神恶煞的女人带走了娘亲，那个女人带着娘亲飞到天上了。

这个时候，在牛圈里的老牛说话了。

老牛用苍老的声音说："牛郎，牛郎……你听我说，我……我告诉你，我有一个办法，你……你剥下我的皮，把皮披在……披在身上，就可飞去天庭，找……找回织女。十多年了，我……我总算报答了……报答了你的……你的恩情……"老牛说完，四肢一颤，呼吸渐渐停止，就倒地死去了。

牛郎忍痛含泪照着老牛的话，剥下了牛皮。他转了一圈，先找到了两个箩筐，分别把金童、玉女放在箩筐里，放在肩膀上挑着，为了保持箩筐的平衡，又放了两个粪瓢。然后他披上牛皮，整个身子就轻飘飘地升起来了。

呼呼的夜风从耳旁吹过，千家万户的灯盏在自己的脚下，变得很小很小。苍蓝色的天宛如浩渺的大海，茫茫一片，无边无际。牛郎飞了不知多长时间，终于远远看见那人间和天界之间的银河，那清浅的银河亮晶晶的，到了银河，也就快到了天界。

隔河的织女的倩影，也依稀可以辨别。牛郎激动地唤着妻子的名字，金童和玉女也兴奋不已，举起小手儿，你一声我一声地呼唤："娘亲！娘亲！"

牛郎加快速度，想要渡过银河，直奔天界，把织女接回家来。可是，在他要越过银河的时候，眼前的一切突然被一道黑影遮住，那是从高处伸下来的女人的大手，原来，王母娘娘看到牛郎带着孩子即将渡河，连忙拔下头上的金簪，那金簪沿着银河一划，原本清浅的银河突然变成了一条汹涌澎湃的天河。

这样一来，银河成了隔绝天界和凡间的鸿沟。牛郎无法飞过这条天河。从此，他和织女就要仙凡异路，永远不能相见了。想到这里，看着箩筐里的孩子们，牛郎忍不住痛哭流涕，两个孩子看到这样的变故，也不知所措地哭了。这时候，似乎已经到了山穷水尽的时刻。

小女儿突然擦干了眼泪，瞪着眼睛，看着牛郎，天真又倔强地说："爹爹，我们来舀（yǎo）干天河的水。"

"对，我们来舀干天河的水。"儿子也附和道，眼中是同样的坚定。

牛郎看到了小女儿和儿子眼中的执着，虽然明知那波涛滚滚的天河根本无法舀干净，可是，他还是拿起粪瓢，一瓢一瓢地去舀那天河的水。舀下一瓢水，就距离妻子织女近一步。

他舀得胳膊酸痛，再也抬不起来的时候，儿子和小女儿就接过粪瓢，两个孩子一起用力，帮爹爹舀天河水。

牛郎和儿女们的不懈努力，终于感动了威严的天帝和冷酷的王母娘娘。天界决定，允许牛郎和织女在每年七月七日的晚上，相见一次。

七月七日的晚上，就会有成千上万的喜鹊飞来，用身体来为牛郎织女搭桥，这对恩爱的夫妻，得以在鹊桥上相会。这一天也叫作"七夕"，被称为中国的情人节。

织女每次见到牛郎，都会因为来之不易的相会欢喜，又为匆匆别离而哭泣。当织女哭泣的时候，她的眼泪就落到了凡间，人间就飘落一阵惆怅的细雨。

为了能够长久看到织女，牛郎和他的儿女们就住在了天上，常常立在天河边上，遥望着那个熟悉又遥远的影子。

据说在天河两边盈盈发光，好似在说话的两颗大星星，就是牵牛星和织女星。两颗星星交相辉映，灼灼发亮，好像在隔着银河互通消息呢。

第二十四章

恋人魂魄化为蝶

——梁山伯与祝英台

到了夏天，校园中的花坛里百花争奇斗艳，引来无数蜂蝶流连。关于蝴蝶，还有一个美丽的传说呢！据说，蝴蝶是恋人的魂魄化成的。

这还要从祝家庄说起。祝家庄的人都知道祝员外，祝员外是祝家庄有名的大财主，他膝下没有儿子，只有一个乖巧伶俐的女儿，叫作祝英台。祝英台和喜欢涂脂抹粉的小姐们不同，她自小就喜欢读书。在别的小姐花费大把时间梳洗打扮的时候，祝英台却在安静的闺阁中，轻轻打开书来看。

读到那些跌宕起伏的故事，她也不禁手舞足蹈，甚至还拉着丫鬟银心，找来男子的衣衫帽履，假扮男子，模仿书中人物的言谈举止。日久天长，两个人倒也能把男子的言谈举止模仿得惟妙惟肖。

一天午后，祝英台在闺房里看书，看着看着，有些困倦，便带着丫鬟银心往后花园来，想要散散心。

墙外有几个带着书童赶赴书院的读书人，兴高采烈地说着路上的见闻，又说道杭州万松书院的先生如何博学。祝英台听得怅然，她还从来没有踏出过家门一步。

她只有坐秋千荡到最高处的时候，才能窥见大千世界的一丘半壑。她虽然身为女子，却也想要像男子一样，去外面看看。她早就听闻杭州文风鼎盛，若是能去杭州求学，去外面的世界看一看，才不辜负这青春韶华。

祝员外听罢女儿的话，口中的茶差点儿喷了出来。放下茶杯，祝员外拨浪鼓一般摇着头说："英台，你平日里如何胡闹，我都依了你。可这件事，我是绝不会同意的。男女授受不亲，女子外出读书，和一群书生混在一起，岂不是坏了老祖宗的规矩？你终究是要嫁人的，若是这名声传出去，怎么得了？岂不是让旁人笑破肚皮？自古以来，女子无才便是德，早早嫁人，相夫教子，才是你的正经出路。此事不必再提。"祝员外说了一通，拂袖而去。

祝英台知道多说无益，只好退出来，她苦苦思索着解决问题的办法。人一有心事，就会闷闷不乐，吃饭不香，睡觉不好，总是一副心事重重的模样。祝英台心里反复想着父亲所说的男女授受不亲的事情，不甘心就这样和众多深宅中的女子一样，一辈子都没有机会踏出宅门半步。

祝员外和祝夫人想要为英台选择一个夫婿，赶紧把她嫁出去，免得她每天又要胡思乱想了。可是，当老夫妇把祝英台叫到跟前商议此事的时候，却来了一位公子和一个书童，原来，这正是扮成男装的英台和银心，夫妇二人看得瞠目结舌。

英台裹巾束带，英姿飒爽，对着父母拱手一揖。她身后的银心打扮成了小书童，挑着一担书，十分俏皮。

祝员外惊讶道："这位公子是？"此时的英台和银心会心地相互看了一眼，笑道："成了，成了，骗过了。"

祝员外这才看清楚，原来眼前的"公子"竟然是自己的女儿英台，"小书童"呢，就是总是跟着英台胡闹的丫鬟银心。

祝英台看到父母惊愕的样子，轻轻跑来，道："爹，娘，女儿想好了。我可以女扮男装，前去求学。只要你们答应让我去杭州读书，我保证谁也不会知道我是个女孩子。"

话虽如此，祝员外还是犹豫不决，英台跑到母亲身边撒娇，祝夫人一向疼爱女儿，便道："好了，好了，老爷还是让英台去吧。杭州城的周先生不是你的好朋友吗？让英台去他那里读书，咱们也放心。"

祝员外只有英台这么一个掌上明珠，实在舍不得，可是，想到女儿为此事不思茶饭，心中更是难过，便顺水推舟，同意让英台女扮男装，去杭州城找周士章先生。

祝英台和银心高兴得手舞足蹈，风风火火地收拾了行装，又选了一匹浑身雪白、性情温驯的马儿。

英台出发的日子，正值夏初。临行之时，祝员外语重心长地叮嘱英台："英台，你女扮男装到杭州，千万要处处谨慎，不可将你的身份泄露半分，更不可做半点儿玷辱门风之事。"英台仰头，认真听着父亲的叮嘱。

祝员外又说："还有，杭州城路途遥远，家中若有急事，必当遣派信件，见家信，必须要即刻返乡，不可贪玩留恋，耽误归期。"

祝夫人道："英台，虽有银心随行，外面的饮食起居也毕竟比不得家中的合意，若是在外辛苦劳碌，早早归来才是。"

"二老放心，女儿谨记爹娘教诲。女儿远行，不能在身边尽孝，爹娘务必保重身体。"英台跪在地上，重重地给祝员外和祝夫人磕头，这才和银心走出祝府。

风吹来英台和银心的声音。

"小姐，我们这一去，不知什么时候回来呢。"

"还叫小姐？你呀，又忘啦。"

"哎呀，又错啦！公子……"

祝员外和祝夫人凝望着祝英台和银心的背影，直到背影渐渐模糊，渐渐消失。此时，榴花正开，在熏风中兀自摇曳。

走出了深宅的祝英台和银心一路上有说有笑，感受从未有过的畅快自由，想去哪儿就去哪儿，想要做什么就做什么。虽然在外面吃得没有家里吃得精致，可是，一切都是那么新鲜，那么有趣。

行了几日路，这一天，原本万里晴空突然变得浓云密布，地面上狂风大作，那些柳树发疯似的抽打着枝条，英台和银心两个人的耳边灌进很大的风声。银心大声说：

"公子，看来要下雨了，前面有一个草亭，我们去草亭避一避吧。"

英台点点头，银心牵着白马，两个人和一匹马就狼狈地跑到那孤零零的草亭前面，银心把白马拴在草亭旁边的柳树上，再跑进草亭，这才舒了一口气。

此刻，天上的乌云更加厚重，好像藏了无尽的怒气，随时可能会降下一场瓢泼大雨。英台和银心正在担心地望着天，耳畔传来一阵急促的马蹄声。银心眼尖，指着马蹄声响的方向，说："公子，看！又来了两个人。"

说话间，马蹄嘚嘚声更大了，原来是一匹灰马，一个年轻的男子坐在马上，一边骑马前行，一边回头说话，后面是一个挑着行李的小书童。

两个人一前一后，奔向草亭。这时候，空气中已经弥漫着一股水汽，只听骑马的男子道："先把行李放在草亭里边吧。"这时候，英台才看清那人的样子：头上是简简单单一条儒巾，身上是普普通通一件蓝衫，虽然衣着朴素，可是，他给人的感觉却十分舒服。

俊朗的脸上透出几分儒雅的气息，他一进草亭，便看到坐在草亭中的英台和银心，颔首道："这位仁兄，打扰了，大雨将至，眼下只能在此和仁兄一同避雨。"

英台拱拱手，这是她第一次在外人面前女扮男装，有些紧张地压低声音说："哪里哪里，都是行路人，兄台又何必客气呢。"

回到远古和神仙们聊天

雨终于下起来了，那些面条粗细的雨水，从空中倾泻下来，雨水如注，地上很快覆了一层水。雨水溅起的水珠，滚着、跳着、迸溅着。看这个意思，一时半刻，雨是不会停的。

　　双方都有结交的意思，趁着这避雨的机会，正好可以攀谈两句。只是英台比较腼腆，静静看着雨，不发一语。男子说道："我叫梁山伯，会稽府人氏，家住胡桥镇上。不知仁兄如何称呼？"

　　英台心里默念梁山伯这个名字，她有点儿不好意思，却还强装镇定道："小弟祝英台，祝家庄人氏，此行是要到杭州的万松书院求学。"

　　梁山伯惊讶极了："我也是要到那里去拜周士章先生为师。这可真是无巧不成书！"

　　英台仰起脸来，道："啊！原来你也是去万松书院，那我们岂不是同窗了？"找到了共同点的梁山伯和祝英台一下子感觉亲近了不少，你一言我一语，慢慢地，英台不再像刚才那般忸忸怩怩的了。

　　梁山伯出生在一个书香世家，因为父亲染病身故，家中十分清贫。这次寻访周士章先生，也是为了得到指点，以求能考取功名，光耀门楣。梁山伯坦诚直白，意气风发，英台从没有遇到过这样的人，他身上的某些东西吸引着她，让她佩服，让她欣赏，令她如沐春风。

两人十分投机，兼之有缘在草亭相遇，将来还会同窗数年，梁山伯便提议和英台结拜为兄弟。英台知道自己是女儿身，此刻不便吐露，只好以祝公子的身份和梁山伯结拜为兄弟。

雨停了，梁山伯和祝英台一行四人便结伴而行，渡过了钱塘江，踏入杭州地界，终于寻到了万松书院。

主仆四人安排妥当后，就在万松书院住了下来。梁山伯和祝英台日则同食，夜则同卧，形影不离，无话不说。同窗们都知道这两个人关系亲密，也不去打扰。两人的感情越来越深厚。

转眼间，秋去冬来，祝英台不慎染上了风寒。额头烫手，浑身却冷得打战，急得银心连忙找到梁山伯。梁山伯得知英台的病情，心疼地说："这是风寒，须要好好调养休息。家母曾经患过此病，我知道如何照料。今晚，我就和贤弟抵足而眠（脚和脚相接触睡在一张床上），照顾贤弟。"

祝英台又是感动又是为难，自己怎么能和一个男子同床？她让梁山伯找来一只碗，盛了水，放在床中间。晚上，丝毫没有察觉出英台是女子的梁山伯又是倒水，又是喂药，还把英台吐出的秽物清理干净，他衣不解带地照顾祝英台，只短暂地打了个盹儿。

英台看到烛光中忙碌的身影，知道梁山伯是一个忠厚老实人，想到将来嫁人，若是能够嫁给他，该是多好的事情呢。这一夜，英台思潮起伏，发觉自己对梁山伯动了情，却不能告诉他自己是女儿身，心中又是甜蜜，又是忧愁。

一转眼，三年就过去了。梁山伯始终不知道自己的贤弟是一个女子。英台也不敢将实情告诉他。

这天，英台收到家书，要自己赶快回家。英台想在临走前告诉梁山伯自己是女子的事情，可是却心乱如麻，不知如何开口。

第二天，银心收拾好了行装。梁山伯送祝英台回家，梁山伯的书童四九挑起了行李，银心牵着马，梁山伯与祝英台跟在后面，两人都沉默着。这一送，便送了十八里。

到了钱塘江边的渡口，再往前，就要渡江了。祝英台终于鼓足了勇气，她旁敲侧击地说："不知梁兄可有意中人？"梁山伯摇摇头道："我出身贫寒，哪里有姑娘愿意嫁给我呢？"

祝英台脸上羞红，说道："梁兄，小弟可为你保媒。我家中有个九妹，长得和小弟一模一样，且不爱权贵，只愿和有缘人共度此生。如梁兄不嫌弃，小弟来为你们做媒，还望梁兄早日来提亲，两月内来祝府，千万不可错失良机。"梁山伯道："那便多谢贤弟！"两人拜别，英台和银心上了船。看见梁山伯和四九还在那里怔怔地站着，英台知道再见实在是千难万难。

站在岸上的梁山伯哪里知道，英台根本没有什么九妹。所谓的"九妹"，指的就是她自己啊！

　　原来，家人想要把英台许配给同乡的马文才。英台听闻此事，如五雷轰顶，她心有所属，如何能够接受一个素不相识的马公子？

　　可是，当时年轻人不能主宰自己的婚事，要听父母之命，媒妁之言。英台担心家人疑心，不敢说出梁山伯的事情，只期盼着梁山伯早日来提亲。

　　时光似箭，就快过了约定的日子，痴痴等待梁山伯提亲的英台，却没有等到梁山伯的消息，她望眼欲穿，却徒增烦忧。银心看到小姐憔悴的样子，也跟着着急。

　　原来，梁山伯有事耽误了，迟了五天才到。当他赶到祝府，赶紧向下人打探祝英台的消息。祝府的人摇摇头说："我们家只有一位祝姑娘，并没有什么祝公子。"

　　只有一位祝姑娘，并没有什么祝公子？梁山伯默念着这句话，突然惊悟。他明白了为什么同窗三年，英台从来都没有在自己面前宽衣解带，也明白了为何钱塘江渡口，英台非要为九妹和自己做媒。

　　梁山伯以同学的身份拜访祝府，请求和英台见一面。当英台用罗扇遮住面庞，款款走出后，梁山伯凝视着眼前身着红装翠袖的不同往常的英台，竟然不知说什么好。

　　祝英台告诉梁山伯，自己在万般无奈下，和马文才定了亲。梁山伯如同被雷电击中，他恨自己有眼无珠，怪自己不能保护英台，辜负了英台的一片痴情，心如刀绞，懊悔不迭。

英台也暗自后悔，如果她当时能够露出些破绽，让梁山伯早日明白自己是女儿身，如果在钱塘江渡口，告诉梁山伯自己对他的爱恋，事情会不会是另外一种样子呢？

英台默默送梁山伯离开，这一别，是真的永别了。梁山伯相思成疾，为英台一病而亡。

到了祝英台出嫁的那一天，突然间，天昏地暗，风云突变，风声犹如鬼哭，轿子竟然不能前行。迎亲队伍只好原地停歇。

那停歇的地方，恰是梁山伯的墓前。祝英台走出轿子，快步走到梁山伯的墓前，突然失声恸哭。这个时候，地面突然开裂，祝英台堕入坟茔中，坟茔在刹那间又重新合拢。

"小姐！梁相公！"银心大声呼唤着。可是，唤不回梁山伯和祝英台。

风住雨歇，坟上有两只蝴蝶，像听到召唤似的，翩翩飞起，众人看着这两只蝴蝶旋转着，飞舞着，无比自由幸福。那蝴蝶越飞越高，终于消失在天际。据说，这两只蝴蝶便是由梁山伯和祝英台的魂魄化成的。

第二十五章

千年痴等为报恩

——白蛇传

我们都上过生物课，知道人和动物都是生物，都是由细胞组成的，都有生老病死。同学们，你们是否想过，动物和人是否有相通的感情呢？这一章的故事，讲述的就是一个具有人性的白蛇的故事。

很久以前，青城山下有很多小蛇，它们在石缝中爬行，在水中游戏，倦了就盘蜷在洞里，醒来便把蜷缩成一团的身子伸展开，去捕捉一些青蛙等小动物来吃。到了冬天，就把自己盘成一圈，头放在中间，一直睡到春天才苏醒。

这中间有一条很有灵性的小白蛇，它一心向道，希望得到菩萨点化，得以白日飞升，位列仙班。所以，它终日心无旁骛地修炼。

斗转星移，沧海桑田，一晃数千年过去了。小白蛇蜕变成一位绝代美人，也有了属于自己的名字——白素贞。昔日的小白蛇终于获得凡人羡慕的神奇法力，她能够缩身成寸翻山越岭，能够腾云驾雾上天入地，能够召唤水族呼风唤雨，她知晓过去，又能预知未来，还练就了幻形术、隐身术等种种神奇的法术。它从一条无情的小蛇变成了具有人的感情的白素贞。

只要完成最后一件事，她就可以了结尘缘了。原来，当白素贞还是一条小白蛇的时候，曾经被一个凶狠的捕蛇人抓获，眼看就要殒命，却被一个善良的小牧童救了。菩萨点化她，要她去寻到小牧童报恩，可是，人海茫茫，几世轮回，当年的小牧童究竟在哪里呢？

白素贞在寻找恩人的路上，遇到了同为蛇妖的小青。性格泼辣的小青变作男子，竟然戏弄起白素贞。

结果，小青被白素贞打败，这一败，输得心服口服。小青摇身一变，成了一位秀眉俊眼、青衣垂髻的丫鬟，帮助白素贞一同寻找小牧童。

当年的小牧童已经转世，名字叫作许仙。他是杭州城里一家药铺的学徒，自小父母双亡，随着姐姐和担任南廊阁子库募事官的姐夫一起生活。他为人聪明，做事勤快，又很老实，人们都很喜欢他。

西湖，清明时节。许仙为父母扫墓回来，登上断桥，迎面遇到巧笑细语的白素贞和小青。许仙不敢抬头，低头走过。白素贞运用法术查看前缘，知道许仙便是自己寻找的小牧童，在擦肩而过的瞬间，看到许仙老实拘谨的样子，心中十分欢喜。

许仙坐在渡船上回家。杨柳依依，细雨霏霏。他坐在船上，看着天上聚集了厚厚的乌云，雨越下越大，打在湖面上，泛起一圈圈涟漪。烟雨迷离，水汽氤氲，宛如仙境。

岸边一个白衣女子吸引了他的注意力，这不正是断桥上的女子吗？白衣女子没有伞，正在狼狈地用衣袖遮挡着劈头打下来的雨滴。这白衣女子就是白素贞，她早就看到了船上的许仙，想要试探他的品行，便故意制造机会。

许仙让船家靠岸，请白素贞和小青乘船。为了避嫌，许仙走出船舱，撑起一把伞，站在船头。

小青施展法术，让风浪猛地打在小船上，许仙站立不稳，跌进船舱，撞见了船舱中的白素贞。

许仙第一次清楚地看到白素贞的模样，啊，世上居然有如此美貌的女子，他一下子看呆了。白素贞不好意思地低下了头，许仙这才回过神来，也低下了头。

正在掌舵的船老大突然放开嗓子，用浑厚苍劲的嗓音唱起歌来。雨渐渐小了，雨丝如网，网住两岸垂柳，小船在漫天细雨中划去湖心，盈盈浅浅的绿，也沾染在船舷上，有一种春天的奇异清新的气息。

临别时，许仙执意将雨伞借给了白素贞，目送白素贞下船离开，牢牢记住了她留给自己的住址。人家说，十年修得同船渡，得此佳人同舟避雨，莫非这就是佛家所言的缘分吗？

一会儿工夫，那淅淅沥沥的春雨停了。那脉脉的西子湖面，倒映出断桥、绿柳、楼阁、白云。天、地、湖三者浑然一体，宛如画境。许仙的心却无法平静，他回想着刚才的奇遇，心中有种从未有过的感觉。

第二天，许仙来到白素贞的住处，前来取伞。两人对坐饮酒，桌上烛光荧荧，杯里酒水潋滟（liàn yàn），四周轻纱垂地，吹来的风，带过来一丝熏香，好像远处的歌声一样缥缈。

许仙和白素贞两情相悦，便在厅堂定情。白素贞知道许仙手头拮据，就赠予他白银，当作完姻之资。

回到家，许仙向姐姐和姐夫禀明自己的婚事，又拿出那白银，当亮灼灼的白银摆放到桌子上，姐夫愕然发现，这银子是太尉府丢失的银两。姐夫不徇私情，将许仙告发。

原来，那白银正是白素贞和小青施法从太尉府盗来的。因此，许仙受到牵连，被发配苏州。许仙心中暗暗疑惑，不知道自己的娘子为何会有被盗的银两。白素贞闻讯，带着小青赶赴苏州寻夫，这让许仙十分感动。

半年后，许仙在游玩途中遇到一个道士，道士感到许仙为妖怪所迷惑，送给许仙灵符。许仙不愿拿着灵符，却想起失盗银两的事情，终究放心不下，还是按照道士所说，烧掉了灵符。可是，白素贞安然无恙，反而当众捉弄了道士，夫妇二人和好如初。

不久，许仙又因穿着的衣饰与周将仕失窃的财物相同，被发配镇江。白素贞跟随至镇江，鼓励许仙自立门户，开了一家药店。因为许仙医术高超，待人宽厚，来看病的人络绎不绝，药铺的生意非常兴隆。

后来，许仙去金山寺烧香，求佛祖保佑全家平安。一位身披袈裟的和尚拦住了许仙，这个和尚就是金山寺的住持法海，他看出许仙脸上有妖气，必然为妖怪纠缠。

许仙听后惊疑交加，这已经是第二次有人和他说妻子是妖怪了，因为银两和衣饰失窃的案件，两次被发配，这到底是怎么回事呢？难道自己的爱妻真的是妖怪吗？许仙自己也有些疑惑。

法海说："过几天便是端午节，你只需要在酒中悄悄放些雄黄，让她喝下，之后，妖怪自然会现身。"到了端午节，许仙犹豫不决，终于还是悄悄在酒中放了雄黄，把放了雄黄的酒端过来和白素贞同饮。

白素贞不愿喝酒，禁不住许仙的劝说，只好抿了几小口。白素贞喝完酒后脸上酡（tuó）红，身体发烫，焦躁不安地喘息着，身上有说不出的难受，身体渐渐不听使唤了。

许仙以为妻子这一次又是被诬陷的，就把金山寺法海的话一五一十地讲了出来。

白素贞一听到"雄黄"，急忙问许仙是否在酒里放了雄黄。得知许仙果然放了雄黄，白素贞如临大敌，急急忙忙把许仙推搡出去，把帘帐放下。

可是，许仙终究放心不下，决定掀帐看看娘子。他不知道为什么，伸出去的手又缩了回来。是因为烛光的原因吗？帘帐里面妻子的影子，怎么如此长大？

等到白素贞酒醒，却看到许仙倒在自己身边。原来许仙是被自己的原形吓到了。

为了救回许仙，白素贞来不及思前想后，连忙上仙山去寻起死回生的灵芝。看守灵芝的白鹤童子拦住了白素贞。白素贞救夫心切，白鹤童子死守路口，双方正要大开杀戒的时候，须眉皆白、着一身杏黄袍子的南极仙翁赶到了，喝退了童子。童子鼓腮败兴，闪出一条出路。

白素贞不愿耽搁，赶紧取到灵芝捧回家中，许仙得以复生。此时，白素贞无法再次隐瞒自己的身世，便把自己下凡报恩的事情说了出来。

数千年来，人世几番轮回，她却因为修炼，不仅长生不老，还保留着千年的回忆——她永远记得那个小牧童的救命之恩。在千年的痴等中，许仙的人生绚烂多姿，而她的生活却单调无比。

除去修炼的时光，她也有嬉戏的时刻。她爬到山顶，看到朝晖夕阴气象万千；她游到西湖，在湖水中追逐翻起来的雪白的细浪；她仰望仙界，亦能感受到天庭里面神仙的寂寞；她藏在人家中，看着人世间的男男女女，在短暂一生中同甘共苦，培养起深情厚谊。不知不觉中，自己也具有了人类的情感。

好在经过千年的修炼，她终于变成了人，和许仙相识，并结为夫妻。她渴盼像凡间夫妻那样，和许仙白头偕老。说过前因后果之后，白素贞才如释重负地长长舒了一口气。

许仙听得入了迷，把前前后后的事情再重新想一遍，才明白，娘子不顾天纲王法，挖空心思隐瞒自己的身份，只是为了能够和自己长相厮守；娘子一直把怀疑她的相公，和肚子里面的孩子当作这世界上最亲的人，所以才会冒着被打回原形的危险，九死一生拼全力，保护夫君和腹中胎儿的周全。

自己的妻子虽然是蛇精，却从来没有害过人。更是为了自己，委曲求全，甘愿忍受指责。他这位美丽贤淑、足智多谋、坚毅痴情的妻子，虽然身为蛇妖，却比世间很多人还要更好。

多少次，他这个无人关注的小学徒寂寥失落之际，妻子一直不离不弃追随在身边；多少次，他这个旁人眼中的失败者丧失信心之时，妻子还在毫无保留地相信他，支持他；多少次，在他怀疑妻子身份，甚至想要背叛妻子的时候，妻子却不顾及自己的性命，冒死去为自己盗来起死回生的灵丹妙药。

人生一世，得此情深义重的妻子，何其幸甚。许仙和白素贞倾吐衷肠，相抱而泣，比从前更加恩爱。

可是，法海却一心要除掉蛇妖白素贞。他趁着白素贞和小青不在家，诓骗许仙，把许仙骗到了金山寺关押，逼迫他出家修行，想要许仙此生再也不能够见到白素贞。白素贞和小青赶到金山寺的七峰亭，想要救回许仙。

愤愤不平的小青不明白，为什么姐姐对待法海如此低声下气，居然为了许仙要三步一跪、五步一拜、七步一叩地拜进寺去。白素贞知道，她所做的这一切，包括忍辱含羞拜仇敌，都是为了保全许仙和腹中的胎儿。

可是，霸道的法海却以白素贞是伤天害理的妖孽为理由，说白素贞和小青先盗取官银，后戏弄道士，惹是生非，令许仙两次被发配，冷冷地拒绝了白素贞的要求。不论白素贞如何低声下气地求法海放过许仙，法海就是无动于衷。

绝望的白素贞只好在金山寺前和法海斗法，想要逼迫法海交出许仙。她召唤来东海的虾兵蟹将、鲤精龟怪，顿时东海之水涌入金山。可是，法海却有恃无恐，用避水袈裟变成长长的堤坝，水深一尺，堤坝就增高一丈，紧紧护定金山寺佛殿。

白素贞一怒之下，召唤更多水族，滔滔的东海水绵延不绝地流入杭州城，寺前的积水渐渐升高，可是承受重压的堤坝却难以增高，眼看水位上涨，法海却无计可施。

那积水终于冲垮了堤坝，淹没了金山寺，也淹没了整个杭州城，这就是民间流传的"水漫金山寺"，水淹没了低矮的民居，冲垮了田地和道路，让无辜的百姓流离失所。白素贞触犯了天条，要接受天庭的责罚。

幸而魁星前来解围，预言白素贞将要产下的孩子，是状元贵子，此时先放她一马。等到生下孩子，她便需要进入雷峰塔接受关押。法海亦放许仙下山，允许夫妻二人道别。

西湖风物依旧，又是清明时节，杨柳泛青，湖光旖旎。只是人的心情却是不同。路上行人不多，白素贞踏上断桥，想起当年同舟避雨、还伞定情之事，怅然若失。

人人都说妖怪害人，却不想世上有白素贞这种从不害人的妖怪。小青不懂人间的情爱，只觉得为了许仙这个凡人，姐姐付出了太多的辛苦。

看到姐姐愁眉不展，小青也是愀然不乐，只是劝说道："不要想他了。断桥，这个名字起得便不好，待我把它夷平，省得惹姐姐生气。"

白素贞却道："千万不可，这桥名为断桥，其实并没有断。我和相公的缘分，也没有断。"

小青气鼓鼓地说："姐姐，事已至此，你还在想他？要是早知道会如此，当初不如不遇见他，以姐姐的修行，或许此刻已经位列仙班了呢。"

白素贞叹息道："位列仙班，没有挚爱之人在身边，活得再久，又有什么乐趣呢？"

失魂落魄的许仙从金山寺出来，不知道自己为何就到了当初和白素贞相遇的断桥。一眼望见了自己心心念念的娘子，直奔过来。白素贞也看见了自己日思夜想的夫君，泪珠不住地滴落下来。

两个人在断桥上重逢，久久握着对方的手，激动得说不出话来。在一旁的小青看到了这一幕，也忍不住用袖子轻轻擦去泪水。

三个人回到家中。白素贞生产在即，许仙和白素贞为孩子取名许士林。白素贞把自己即将出世的孩子许士林托付给了好姐妹小青。

刚生下孩子一个月，法海就拿着紫金钵来到家中。白素贞被钵盂罩住，变成了七八寸大小的小人，兀自昂着头恋恋不舍地看着许仙。许仙苦苦哀求，铁石心肠的法海不为所动。

小青流泪对着白素贞道："姐姐，你放心，我定会潜心修炼，把你从那塔下救出来。"

法海把白素贞镇压在了雷峰塔下，并留下偈（jì）语：

西湖水干，江湖不起，雷峰塔倒，白蛇出世。

据说，许仙为了能够让白素贞早日从塔中出来，甘心出家为僧，天天吃斋念佛，洗脱白素贞的罪孽。小青也一改平日慵懒的样子，日复一日，年复一年地刻苦修炼。很多年以后，许士林在小青的照料下长大了，终于考取了状元。

　　身穿华丽状元服的许士林来到雷峰塔前拜见他的母亲白素贞，白素贞终于得以走出了雷峰塔。这命运波折的一家三口，终于得以团聚了。

　　根据学者的研究，《白蛇传》的雏形很可能形成于南宋。而《白蛇传》流传于世的最早故事版本是明代冯梦龙编撰的白话短篇小说集《警世通言》中的《白娘子永镇雷峰塔》。在人们的口耳相传中，《白蛇传》的故事发生了奇妙的变化，故事渐渐被聪慧善良的人们赋予了对自由的向往和赞美。《白蛇传》故事的演变，离不开人们的智慧创造。白娘子对自由幸福的追求，不也正是世间有情人的追求吗？

　　这是本书的最后一章，读完整本书的你，一定在了解神话传说故事的同时，感受到曲折精彩、扣人心弦的古代神话传说的魅力。

　　神话传说为我们打开了一个瑰丽神奇的世界，愿神话传说里面那些纯洁美好的人性、不屈不挠的品质、自由驰骋的想象能成为你的精神财富，陪伴你成长，为你的生命增添一抹亮丽的底色。

后 记

这一本薄薄的书，却倾注了很多人的心血。

中国上古时代丰富灿烂的神话传说，因为年代的久远，文献记载少且零散，所以它们必须经过搜集整理、摘选润色，才适合青少年阅读。

感谢顾颉刚先生，他为中国神话传说的研究作出了不可磨灭的贡献。

感谢鲁迅先生他的《故事新编》运用了"古今杂糅"的方法，给人以很大的启发。

感谢神话学家袁珂先生，他为中国神话传说的整理工作做出了极大的贡献，本书中很多神话故事的脉络得益于袁珂先生的工作。

感谢陈泳超先生，他在百忙之中抽出宝贵的时间，斧正作品，给我提出中肯的修改建议，其严谨的学术作风令人折服，其渊博的学识令人尊崇。

感谢本书主编郑以然、赵榕两位老师，策划温沁园老师。从策划、约稿、改稿到最后成稿，老师们既是最早的读者，又是严厉的检阅者。大到结构框架，小到措辞用语，老师们的指点，令我受益匪浅。

感谢尊敬的温儒敏先生，虽然未曾见面，但见字如晤，读温先生写的总序，我备感温暖。

感谢责任编辑王亮和唐俊杰先生，我们通过各种方式反复沟通、讨论、修改书中的问题，他们的工作繁琐而重要。

感谢我的朋友陈海洋先生，他在病中校正书稿，提出许多具体的修改建议。

感谢为本书的出版付出努力的人：涂晓东、陈宇丹、邓君豪、刘欣和焦洁。

最后，感谢拿起书来阅读的可爱的读者，只要你们能够从中得到一点儿收获，我们的付出就是值得的。

王云超

2019年6月9日